城市轨道交通服务礼仪

主　编　郑建杭　文　丽
副主编　黄玉兰
主　审　晓　曦

重庆大学出版社

内容提要

本书针对城市轨道交通运营管理专业所涉及的各服务岗位详细介绍了服务礼仪的基本概念、形体训练的要求和手法、手语的概念和词、句含义及其应用。主要内容包括：轨道交通服务礼仪的基础知识、服饰礼仪和语言礼仪，形体训练的方法、姿态形体训练、身体骨骼畸形矫正方法和形体素质训练，轨道交通值班站长、值班员、售票员、厅巡员、站巡员和安全员岗位礼仪，轨道交通各服务岗位中涉及的常用手语单词和句子含义等。

本书可以作为中等职业学校城市轨道交通运营管理等相关专业教材，也可供相关专业的从业人员自学和参考。

图书在版编目（CIP）数据

城市轨道交通服务礼仪/郑建杭,文丽主编.—重庆：
重庆大学出版社,2014.10(2024.7重印)
中等职业教育城市轨道交通系列教材
ISBN 978-7-5624-7980-2

Ⅰ.①城…　Ⅱ.①郑…　②文…　Ⅲ.①城市铁路—铁路运输—服务人员—礼仪—中等专业学校—教材　Ⅳ.①F530.9

中国版本图书馆 CIP 数据核字（2014）第 020105 号

城市轨道交通服务礼仪

主　编　郑建杭　文　丽
副主编　黄玉兰
主　审　晓　曦
策划编辑：周　立

责任编辑：周　立　　版式设计：周　立
责任校对：谢　芳　　责任印制：张　策

*

重庆大学出版社出版发行
出版人：陈晓阳
社址：重庆市沙坪坝区大学城西路 21 号
邮编：401331
电话：（023）88617190　88617185（中小学）
传真：（023）88617186　88617166
网址：http://www.cqup.com.cn
邮箱：fxk@cqup.com.cn（营销中心）
全国新华书店经销
POD：重庆新生代彩印技术有限公司

*

开本：787mm×1092mm　1/16　印张：6.75　字数：160 千
2014 年 10 月第 1 版　2024 年 7 月第 8 次印刷
印数：18 001—19 000
ISBN 978-7-5624-7980-2　定价：25.00 元

序 言 Preface

    城市轨道交通的高速发展对于改善人们的出行条件、解决城市交通拥堵、减少环境污染、节约土地资源和推动城市经济增长起着巨大的作用。城市轨道交通事业的发展，又带来了对城市轨道交通各类专业人才的巨大需求。因此，目前国内开设城市轨道交通专业的中等职业院校越来越多，而适合中等职业院校学生学习的专业教材并不多，特别是针对中等职业学校培养高技能人才实用性强且分模块化的项目教材几乎没有。重庆铁路运输技师学院和重庆大学出版社根据国家大力发展职业教育的要求，为促进城市轨道交通专业职业教育教学的交流与推广，推动中等职业教育城市轨道交通专业教材建设，联合重庆轨道交通（集团）公司、北京地铁公司和成都地铁公司等企业成立了城市轨道交通专业中等职业教育系列教材编写指导委员会，下设城市轨道交通运营技术编委会和城市轨道交通维保技术编委会两个分委会。这些专家通过对企业岗位需求进行认真深入细致的调研，结合多年的教学实践经验，编写了《中等职业教育城市轨道交通专业系列教材》。

    在编写该系列教材的编写过程中，我们非常注重理论和实际动手技能相结合，突破了以往教材编写重理论分析和推导的模式，按照项目教学法进行教学设计，分单元教学模块，采用任务驱动的方法，强调以学生为中心，循序渐进，突出中等职业教育高技能人才培养的特点，以企业岗位需求来培养学生的动手和参与能力。

编委会

2014 年 1 月

前　言

　　城市轨道交通运营车站是轨道交通企业同社会交往的窗口，车站内各种服务岗位的工作内容虽然平凡，但是从业人员的服务意识和服务水平直接反映着轨道交通企业的经营管理水平和形象，对社会产生的影响很大，关系到一个城市甚至是国家声誉。要搞好运输服务工作，必须提高服务从业人员的素质，加强服务礼仪训练，为此，我校与相关轨道交通运营企业联合成立了校企融合教材编写委员会，共同编写了本教材，供中等职业学校的轨道交通运营及相关专业的课堂教学和企业员工培训之需。本书依据礼仪训练的基本要求和职业规范，从不同乘客的需求角度，结合轨道交通运输各服务岗位要求和职工培训的特点进行编写。书中内容突出"以人为本"的服务理念，以提高从业人员素质和技能为主线，结合轨道交通运输行业的服务特征，分"城市轨道交通服务礼仪基础知识""形体训练""城市轨道交通服务岗位之礼仪""城市轨道交通服务岗位之手语"4个单元进行阐述。

　　本书的主要特点：

　　1.在内容的编排和组织上，注重理论联系实际，强调基本概论，以训练项目为主，有较强的操作性。

　　2.强化形体训练和手语知识的学习，体现了注重培养中职学生的综合职业能力的特点。

　　3.能结合不同工作岗位的要求有针对性地进行服务礼仪训练，结构严谨，体系完整，能通过详实的内容和生动的图例来阐明服务礼仪的原理。

　　本书由重庆铁路运输高级技工学校校企融合教材编写委员会提出编写大纲。其中第1单元由朱晓玲编写，第2单元由马燕编写，第3单元由陈瑾编写，第4单元由李琪编写，全书由郑建坑、文丽和黄玉兰统稿修正，北京地铁公司的晓曦审稿。在本书的编写过程中，得到了北京地铁公司、重庆轨道交通（集团）有限公司等单位和部分学生的大力支持，在此，表示诚挚的感谢。

　　由于时间仓促和水平所限，书中难免有不妥与错误之处，敬请读者批评指正。

编　者

2014 年 1 月

目　录

单元1 城市轨道交通服务礼仪之基础知识

任务一 城市轨道交通服务礼仪概述

【任务目标】

1. 掌握轨道交通服务礼仪的概念和特征。
2. 理解学习服务礼仪对提升自身素质和企业形象的作用。

【任务分析】

重点：轨道交通服务礼仪的概念。
难点：理解学习服务礼仪对提升自身素质和企业形象的作用。

【知识描述】

一、服务礼仪

中国素有"礼仪之邦"的美称，礼仪是中国传统文化的重要组成部分（图1.1），已经渗透到社会生活的各个方面，礼仪是衡量一个国家和民族文明程度的重要标志（图1.2）。

孔子:不学礼，无以立

莎士比亚:在宴席上最让人开胃的就是主人的礼节。

图1.1　　　　　　　　　　　　　图1.2

轨道交通服务礼仪是轨道交通运营企业员工在工作岗位上通过其形象和言谈、举止等对乘客表示尊重和友好的行为。

轨道交通运输企业作为窗口行业，每一名员工的服务形象不仅是个人行为，也体现了整个轨道交通运输企业的形象和员工的整体职业素养（图1.3、图1.4），不仅代表着轨道交通运输企业，而且还代表了整个城市的形象。服务形象是服务的一种外在表现形式，怎样衡量服务形象的好坏，它的一个标准就体现在服务礼仪上。

图 1.3

图 1.4

二、服务礼仪的特征

1. 规范性

服务礼仪是服务人员在自己的工作岗位上应当严格遵守的行为规范。它不仅要求服务单位及员工要按照一定的礼仪规范做好服务与接待工作,而且也约束着服务人员在服务过程中的言谈话语、行为举止。

2. 操作性

简便易行、容易操作是服务礼仪的一大特征。它既有总体上的服务礼仪原则、操作规范,又在具体的细节上以一系列的方式、方法,细致而周详地对服务礼仪原则、服务礼仪规范加以贯彻,把它们落到实处。

3. 灵活性

服务礼仪的规范是具体的,但不是死板的教条,它是灵活的、可变的。服务人员应该在不同的场合下,根据交往对象的不同特点,灵活地处理。

三、服务礼仪的作用

注重服务礼仪,按照服务礼仪要求服务,是服务型企业从业人员的最基本要求。

【小贴士】

> 在外事活动中,周恩来总理十分注重礼节。他病重期间,重要的外事活动都坚持参加。后来病得连脚背也肿起来,他原来的皮鞋、布鞋都不能穿,只能穿着拖鞋走路。参加外事活动时,工作人员关心总理,让他穿着拖鞋参加外事活动,认为外宾是能够理解的。周总理不同意,他慈祥又严肃地说:"不行,要讲礼仪嘛!"于是,他让工作人员为他特制了一双鞋。

1. 注重服务礼仪,可以提升服务工作人员的个人素质

礼仪在行为美学方面指导着人们不断地充实和完善自我,并潜移默化地熏陶着人们的心灵。它能帮助个人树立良好的形象,提升个人的素养,使人们的谈吐变得越来越文明,举止仪态越来越优雅,装饰打扮更符合大众的审美原则,体现出时代的特色和精神风貌。礼仪会使人变得情趣高尚、气质优雅、风度潇洒、受人欢迎。

比尔盖茨曾说过:"企业竞争,是员工素质的竞争。"他认为员工素质的高低反映了一个公司的整体水平和可信程度。教养体现于细节,细节展示了素质。因此,加强服务礼仪培养,有助于提高服务行业从业人员的个人素养和自身的职业竞争力。

2.注重服务礼仪,可以调解服务工作过程中的人际关系

社会是一部庞大的、高速运转的机器。它的正常运转,以人与人之间、部门之间、组织与组织之间的协调和有序性为前提。礼仪好像是一种润滑剂,使错综复杂的人际关系减少摩擦。

在人际交往过程中,人们一般对尊重自己的人有一种本能的亲切感和认同感,尊重可以使对方在心理需要上感到满足、愉悦,从而产生好感和信任。在服务交往中,尊重是相互的。一般来说,人们受到尊重、礼遇、赞同和帮助就会产生吸引心理和增进友谊;反之,会产生抵触、反感,甚至敌视的心理。当你向对方表示尊敬和敬意时,对方也会还之以礼,即礼尚往来。

服务礼仪是服务关系和谐发展的调节器、润滑剂,注重服务礼仪有利于促使服务各方保持冷静,缓和、避免不必要的服务矛盾冲突和情感对立,有助于建立起和谐的服务关系,从而使人们之间的服务交往获得成功。因此,服务礼仪有助于满足客人的心理需求,使从业人员与客人之间能够更好地进行服务交流与沟通,有助于妥善处理服务纠纷问题。

3.注重服务礼仪能塑造服务型企业良好的服务形象

在当今社会,形象就是对外交往的门面和窗口,良好的企业形象可以给企业带来良好的经济和社会效益。在现代企业管理中,企业特别注重员工的内在素质和外部形象,要求每一位员工都要有强烈的形象意识,认识到个人形象代表企业形象,个人的所作所为就是本企业典型的活体广告,是企业形象、文化、员工修养素质的综合体现,只有具备良好的服务礼仪素养才有利于提升企业形象。

运用服务礼仪为乘客服务,不仅是树立企业形象的手段,而且是管理水平和服务质量高低的重要标志,对外来说,也反映了企业的道德水准、文明程度和精神面貌。

轨道交通服务是以提供服务满足乘客需要的行业。服务具有无形性的特点,要使看不见摸不着的服务有形化,它的外在表现形式之一就是服务礼仪,它是体现企业服务理念、服务人员职业素养的外在形式,同时也是企业形象、理念的外在表现。

服务礼仪是衡量服务质量的重要标准,服务人员的语言、形象、技巧及音容笑貌都会成为乘客评价交通运输企业服务质量优劣的一个重要依据。这些方面都是服务礼仪规范的具体表现。

【小贴士】

"印象管理"认为

个人印象就是公司形象。职业形象通过外表、沟通、礼仪留给客户印象,这个印象反映了公司的信誉、产品及服务的质量。

4.注重服务礼仪能提高服务企业产品竞争的附加值

现代市场竞争是一种形象竞争。对于服务性行业,高素质的员工提供的高质量的服务有助于企业创造更多的经济效益和社会效益,同时有利于提升企业的文化内涵和品牌效应。因此,每一位员工的礼仪修养无疑会起着十分重要的作用。

许多企业家认为:企业活力＝商品力＋服务力。在产品本身差异化越来越小的今天,服务的特色已越来越成为许多企业的核心竞争力之一。而服务礼仪不仅可强化企业的道德要求,还可树立优质服务的企业形象。虽然服务是无形的,但是可以体现在服务人员的一举一动、一

笑一言之中。因此,服务礼仪是企业无形的广告,在提高服务质量的同时,可以树立良好的形象,提高企业竞争的附加值。

学习服务礼仪是市场竞争的需要。特别是对于交通运输行业的市场竞争,实际上就是服务的竞争。服务是多个方面的综合体,包括硬件和软件。其中软件是人的因素,良好的服务礼仪充分体现着服务人员的服务水平。

任务二 城市轨道交通服务仪容礼仪

【任务目标】

1. 掌握服务仪容礼仪中三个重点修饰部位的修饰要求。
2. 掌握化妆的基本原则。
3. 掌握五分钟化妆技巧。

【任务分析】

重点:服务仪容礼仪中三个重点修饰部位的修饰要求。

难点:学会五分钟化妆技巧。

【知识描述】

城市轨道交通服务礼仪是指员工在自己工作岗位上所应当遵守的礼仪规范。服务礼仪规范的基本内容,主要包括服务人员的服务仪容礼仪、服务仪表(服饰)礼仪、服务仪态礼仪、服务语言礼仪。

一、服务仪容修饰礼仪

案例设置

小金是某职业学校的毕业生,毕业前夕,她参加了多家企业的招聘会,投递了自己的简历。学习成绩很优异的她接到了很多面试通知,均没有面试成功。她大为不解,请学校的就业指导老师指点,老师很快发现了她的问题:说话声音小,底气不足,面容苍白,头发蓬乱。

学生思考:个人的形象对自己的职业生涯有何影响。

仪容又称容貌,是指一个人的相貌。服务仪容礼仪主要是指对自身容貌的修饰和化妆。轨道交通企业的员工直接面向乘客服务,乘客获得的第一印象常常来源于服务人员的仪容修饰状态,干净整洁的仪容,既是自尊自爱的体现,又是对岗位工作高度负责的体现,所以必须对自己的仪容进行修饰。

服务礼仪中对服务人员的仪容要求,主要集中在面部、肢体和发部三个方面,要求达到美观、整洁得体的效果。

1. 面部修饰

轨道交通服务人员在自己的工作岗位上服务于广大乘客,必须对自己的面部修饰予以高度注视,展示良好的精神面貌。

面部修饰要求:要注意达到洁净清爽,无汗渍和油污等不洁之物。面部清洁最简单的方法就是勤于洗脸,并且要细致彻底,"面面俱到",做到男士不留胡须,女士淡妆上岗。

另外,服务人员应注意自己面容的健康状况。若向乘客展示一张卫生状况不佳的面貌,会让乘客产生抵触情绪,影响与乘客之间的良好沟通。

局部修饰:局部的修饰包括眼睛、耳朵、鼻子和口部,主要注意细节问题。如口部的修饰,注意口腔卫生,保持清新的口腔,并注意避免进食一些有刺鼻气味的食物;还应避免嘴角周围有残留食物。耳部的修饰,除保持干净外,女士宜戴一副简单造型的耳钉、耳环(以不晃动为标准)。

2.肢体修饰

服务人员在为乘客服务的过程中,肢体的动作较多,经常会备受关注,所以肢体的修饰绝不能忽视。

手部:服务人员要在上岗之前保持双手的干净整洁,这是对乘客的基本尊重和礼貌,一双干净整洁的手,让乘客感到愉快和舒心。

指甲:洁净整齐。经常进行修剪,长度不超过指尖的 1~2 毫米,修剪为椭圆形,不染彩色指甲油。上岗时只可佩戴一枚戒指,不戴手链、手镯等饰物。

脚部:在服务过程中,上佳的形象往往用"足下生辉"来形容,越是细节,越能体现服务人员的素质。

女士穿着公司统一下发的皮鞋(或黑色寸跟皮鞋),配以肉色或深色袜子,皮鞋要保持光亮(图 1.5、图 1.6)。

图 1.5　　　　　　　　　　　　　　　　　图 1.6

男士要穿着黑色正装皮鞋,配以黑色、深蓝色袜子,皮鞋要保持光亮。鞋带系好,不可拖拉于脚上(图 1.5)。

脚上不戴脚链等饰物。

【小贴士】

　　人与人的交往就是两分钟。第一分钟,让别人去认识你;第二分钟,让别人去喜欢你。外在美是打开自己内心宝藏的金钥匙,不要让我们的注意力过多地关注到对方身上,只有把更多的精力放在自己的成长改变上。

3.发部修饰

对于发部修饰,每个人都有自己的审美习惯,作为轨道交通工作人员,发型要考虑对象、环境、还要考虑自身特点。面对乘客时发型要把握庄重、严肃、利落大方的原则。而且还要严守本行业、本公司的特殊要求。

①男服务员的发型选择

男士头发长短适中不宜过长,前发不要过双眉,侧发不掩耳,后发不及衣领,不留大鬓角,不要剃光头,不要过分追求时尚,更不要标新立异。刘海和鬓角不可过长,发尾不可超过衬衫领口,需要时适当的涂抹摩丝(图1.8)。

②女服务员的发型选择

女士长发:束起盘于脑后,保持两鬓光洁,无耳发。刘海可卷可直,但必须保持在眉毛上方。任何发型均应使用发胶或摩丝定型,不得有蓬乱的感觉。

女士短发:可卷可直,但发型不宜奇特。长度不得短于两寸,以前不遮眉及面部,后不过肩膀为宜(图1.7)。

③佩戴帽子与发饰要求

男服务员前发与帽檐边保持水平,不露头帘。

女服务员帽檐在额头的1/2处,不露出刘海,两侧不留耳发,发花与后侧帽子边沿相贴合。发饰只宜选择黑色且无花色图案的发卡。

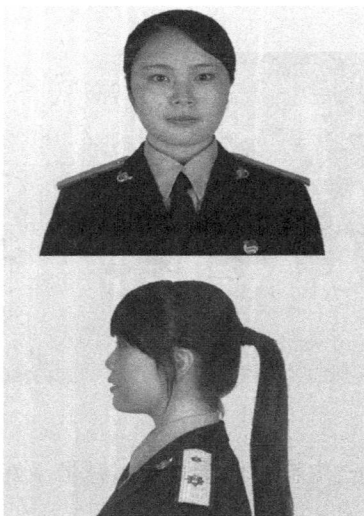

图1.7

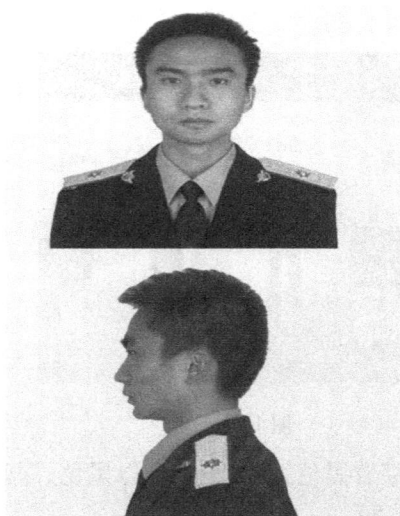

图1.8

二、服务仪容化妆礼仪

作为窗口行业的服务人员,适当的淡妆是非常有必要的,以淡雅风格的妆容上岗,不但展示了服务人员良好的精神面貌,也是对乘客礼貌的体现,有助于表现服务人员爱岗敬业的精神,同时提升乘客对地铁服务的认同感和尊敬度。同时塑造了良好的企业形象。

1.化妆原则

服务人员应给乘客清洁健康的印象,不宜浓妆艳抹,使用清淡的香水,上岗前应检查自己的妆容。服务岗位上的妆容基本体现自然、简单、大方、得体的风格。

淡雅,使用化妆手法宜为淡妆。

简洁,不要求服务人员进行一整套的化妆程序,重点修饰唇部、眼部、面颊即可。

庄重,整体效果不要给人以轻浮的感觉,不宜夸张,如流行的烟熏妆、日晒妆。

【小贴士】

> 化妆的重要性
>
> 　根据美国一项调查显示,皮肤健康的人比一般人收入高 10%。我们这张脸是我们自己的品牌,与人打交道时,别人先接触的是我们外在的美!

2. 化妆禁忌

残妆示人。在上岗之前检查自己的妆容是否完整,尤其是在休息和用餐之后及时补妆,弥补残缺之处。

岗上化妆。前边已经说过,在上岗之前要检查自己的妆容,在岗位上"见缝插针"地补妆,既违反岗位纪律规范,也是对乘客不礼貌的表现。

三、5 分钟化妆技巧

第 1 步:底妆　打造无瑕肌肤

方法 1:粉底液打底—散粉或粉饼干用定妆—遮瑕笔

方法 2:粉饼湿用打底—散粉或粉饼干用定妆—遮瑕笔

方法 3:遮瑕笔打底—粉饼干用定妆—遮瑕笔

第 2 步:眉妆　打造气质双眉

①轻轻的一笔一笔,用眉笔首先描绘出理想的眉形,注意不要一笔拉到底,而是一点一点地描绘。从眉头开始,再到眉峰(图 1.9)。

②化眉时,动作要轻。主要通过描绘眉毛生长之间的空隙的地方,以使整条眉毛色调均匀、自然。化完眉后,用眉刷沿眉型将眉毛和描绘的颜色充分融合在一起(图 1.10)。

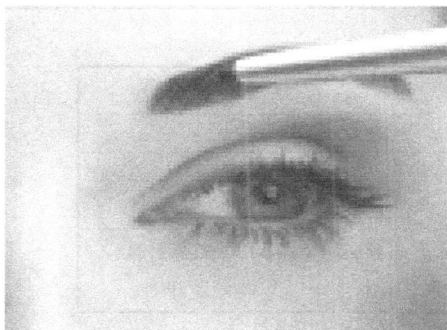
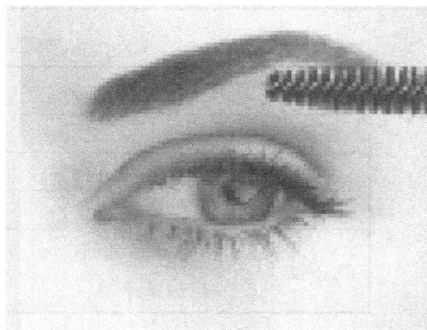

图 1.9　　　　　　　　　　　　　　　　　图 1.10

第 3 步:清扫眼影粉

用毛刷清扫眼影粉,使不同颜色的眼影粉刷得更加均匀。然后,在眼睑内侧涂上较深的眼影,以衬托出鼻子的线条,这是东方人脸型常用的一种技巧。

第4步:精致眼线　提亮眼神

再懒也不要不化眼线!

眼线可以加深睫毛根部的轮廓感,令眼睛加倍提神!

第5步:刷睫毛　美睫若羽

涂上睫毛时,微微抬起下巴,目光向下.用手指将上眼皮轻轻向上拔,露出睫毛根部,再用睫毛刷自睫毛根部向睫毛尖方向左右刷动,均匀涂抹(图1.11)。

涂下睫毛时,下巴向内收紧,目光向上,把睫毛刷垂直轻放在睫毛上,用刷尖左右刷动,让睫毛膏充分晕染睫毛(图1.12)。

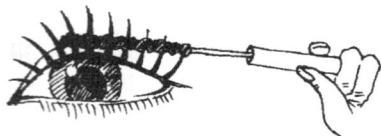

图1.11

图1.12

第6步:腮红　令您拥有好气色!

腮红不仅提升气色,还有助于改善脸部视觉轮廓!

第7步:完美双唇　为美丽加分

冷暖　暖肤色—暖色唇膏　冷肤色—冷色唇膏

明度　高明度浅肤色—浅色唇膏　低明度深肤色—深色唇膏

纯度　高纯度—肤色均匀　低纯度—肤色不匀

【小贴士】

皮肤的类型及护理						
类型	毛孔	斑点	皱纹	痘痘	弹性	光泽
中性	细小	无	无	无	好	好
干性	细小	有	有	少	差	差
油性	粗大	中少	少	有	好	好
混合性	T字部位是油性,两颊是干性		T字部位是油性,两颊是中性		T字部位是中性,两颊是干性	

根据以上知识,学会辨别自己的皮肤类型。有针对性地选择适合自己的护肤品。干性皮肤,使用的护肤品是滋润性的,每周护理的产品里要有保湿面膜。平时要多做保湿,防止皮肤里水分的流失,延缓皮肤的衰老。油性皮肤:使用的产品里的功效主要强调是控油和收缩毛孔,每周护理产品要有洁净面膜,能对皮肤做深度清洁。

任务三 城市轨道交通服务服饰礼仪

【任务目标】

1. 掌握服饰礼仪的基本原则。
2. 掌握城市轨道交通服务人员的服饰要求。

【任务分析】

重点：穿制服的要求。

难点：佩戴服务标志的要求。

【知识描述】

作为城市轨道交通企业的工作人员，服饰是自己身份的象征，同时也代表整个公司的形象。整洁标准的服饰穿戴，首先让乘客从视觉上有一种认同感，同时让乘客感受高水准的服务质量。

案例设置

小王是某职业学校服装专业的毕业生，毕业前夕，她在学校参加了某大型企业的招聘会，并投递了自己的简历。一星期后，她幸运地接到了这家企业的面试通知，小王非常高兴。为了给应聘单位留下好印象，她特意买了一套新潮的时装，并做了一个新潮发型，兴冲冲地前往面试。见面时，小王发现主考官用异常的眼光看自己，感觉很不自在，结果小王意外落选了。

一位人事总监说："我认为你不可能仅仅由于戴了一条领带而取得一个职位，但是我可以肯定你戴错了领带就会使你失去一个职位。"

学生思考：小王为什么会落选？

一、服饰礼仪

服饰礼仪是人们在交往过程中为了相互表示尊重与友好，达到交往的和谐而体现在服饰上的一种行为规范。

服饰是一种文化，它反映着一个民族的文化水平和物质文明发展的程度。服饰具有极强的表现功能，在社交活动中，人们可以通过服饰来判断一个人的身份地位、涵养；通过服饰可展示个体内心对美的追求、体现自我的审美感受。

【小贴士】

> 一个人的穿着打扮，就是他教养、品位、地位的真实写照。
>
> ——莎士比亚

二、服饰礼仪的基本原则

1. 整洁原则

整洁原则是指整齐干净的原则，这是服饰打扮的一个最基本的原则。在任何情况下，服饰都应该是整洁的,衣服不能沾有污渍,不能有绽线的地方,更不能有破洞,扣子等配件应齐全,衣领和袖口尤其要注意。一个穿着整洁的人总能给人以积极向上的感觉,并且也表示出对交往对方的尊重和社交活动的重视。

2. TPO 原则

TPO 英文中 Time、Place、Object 三个单词的英语字母缩写。"T"指时间,泛指早晚、季节、时代等;"P"代表地方、场所、位置;"O"代表目的、目标、对象。TPO 原则目前国际上公认的衣着标准,遵循这一着装原则,就是合乎礼仪的。

3. 整体性原则

正确的着装,能起到修饰形体、容貌等作用,形成和谐的整体美。服饰的整体美构成,包括人的形体、内在气质和服饰的款式、色彩、质地、工艺及着装环境等。服饰美就是从这多种因素的和谐统一中显现出来。

三、城市轨道交通服饰要求

要求穿着统一而整齐的制服。制服标志着自己的职业特色。它的设计充分考虑了穿着者从事的职业和身份,与环境相配,有一种美的内涵。大部分公司都有自己的制服,制服可以衬托一个人,通过一件制服可以看到一个人的职业形象,展现出公司的精神面貌。穿上醒目的制服不但易于他人辨认,而且也使穿着者有一种自豪感和责任感。

【小贴士】

穿着制服的禁忌。
穿着制服最重要的一个禁忌,是制便混穿,制服脏、乱、破、随意搭配。

1. 穿制服的要求

衣着平整,配套穿戴;不可敞胸露怀、缺扣、立领、挽裤、挽袖、趿拉鞋;女士着裙装时,高筒袜应高于裙摆;穿着夏装时,衬衫第二粒及以下纽扣要全部扣好;穿着春、秋装时,衬衫长于外套时,下摆塞入裤内;衬衫的衣领要随时保持硬扎、挺阔;要穿好皮鞋,男士的皮鞋主要是黑色,要上油擦亮,不能蒙满灰尘,袜子的颜色是深色,忌穿白色;女士必须穿袜子,短裙穿长袜,长裤着短袜,高筒袜的上端应被裙子盖住,袜子质地、颜色与裙子、鞋的颜色要相配,不要穿带花、白色、红色或其他鲜艳的袜子,长筒袜不能有破损(图 1.13、图 1.14)。

图 1.13

图 1.14

2. 佩戴服务标志的要求

上岗必须佩戴统一的服务牌;

服务标志应佩戴端正,不能歪斜,由于工作中身体活动,标志会经常出现挪动位置、歪斜的现象,要注意经常检查纠正;

服务牌应佩戴于左前胸第一粒扣子上方;

党(团)徽佩戴于服务牌的中上方,公司授予荣誉等标牌佩戴于服务牌上方,标志佩戴不宜过多(以两枚为宜);

肩章佩戴时要保持清洁平整,如图 1.15 所示。

臂章应佩戴于左臂,距肩 10 厘米处,如图 1.17 所示。

袖标应佩戴于左臂,距肩 15 厘米处,如图 1.17 所示。

绶带佩戴样式为左肩右斜,保持干净平整,如图 1.16 所示。

图 1.15

图 1.16

图 1.17

【小贴士】

男士穿西装要注意的三个"三":

1. 三色原则:全身颜色不能多于三种;

2. 三一定律:鞋子、腰带、公文包是一种颜色:黑色;

3. 三大禁忌:①袖子上的商标一定要拆;

②袜子的颜色:正式场合不穿尼龙袜;

③忌领带打法出现问题。

任务四 城市轨道交通服务语言礼仪

【任务目标】

1. 掌握服务语言的基本要求。
2. 掌握标准的服务用语。

【任务分析】

重点:训练学生如何将标准的服务用语养成习惯。
难点:改正不良的语言习惯。

【知识描述】

语言,是人类所特有的用来表达思想、交流感情、沟通信息的工具。在轨道交通服务中,服务员工与服务对象所接触的整个过程,始终离不开双方语言的交流。言谈是一个人的知识阅历、才智教养和应变能力的综合体现。服务人员运用语言的好坏,表达能力的高低,既体现自己的服务水平,也反映轨道交通企业的管理水平、企业文化与企业精神。

案例设置

某站客流量较大,一乘客携带一名身高超过 1.2 米的小孩只购买了一张车票,售票员发现后说了一句“你的小孩子超高了,要买票”,乘客听后很生气地叫道:“我们小孩超啥高了,长太高了吗？凭啥子要买票？”这时售票员才说出相关规定,时间一长,反而让其他排队购票的乘客更不耐烦。

学生思考:该售票员本来应该怎么做才能避免此类事件发生？

一、服务语言的基本要求

①使用普通话,服务语言表达规范准确,口齿清晰,使用文明礼貌用语。

②表达内容准确、明了、言简意赅。

③语速适中,音量适度,吐字清楚,不要过快,给乘客一个思考过程,为了让乘客听明白,有重复的必要。

④语气要和蔼、大方自然,不要急躁,语气紧张,易造成乘客不安和激动。

⑤坚持使用文明用语“十一个字”:请、您、您好、对不起、谢谢、再见。

二、标准的服务用语

为了贴近乘客,拉近心与心之间的距离,使用恰当的服务用语十分重要。要实现用语的规范与标准,我们应当在同乘客交流、沟通中,更多地使用文明用语“十一个字”。

1. 礼貌称呼

在同乘客交流时,首先要称呼乘客,用标准文明的称呼用语,会在第一时间赢得乘客的好感。

①对女性乘客要根据年龄的不同变换称呼,一般较为妥帖的是称呼“女士”,男性乘客可使用尊称“先生”。

②对成人乘客的指代称呼,一律使用尊称"您"。

2. 礼貌迎送

①售票岗主要工作是发售卡、票,应牢记以下几句话:

您好!

请您稍等!

收您××元。/您的钱正好。

收您××元,找您××元。

谢谢,请您收好 / 请您点清。

②检票岗主要工作是检验乘客的卡、票,引导乘客正确刷卡、有序进站,应牢记以下几句话:

您好!

谢谢!/谢谢您的合作!

请走好!/请收好!

3. 请托用语

①当乘客批评时:对不起,感谢您的帮助,请多多指教,谢谢。

②对待乘客失礼时:对不起,请原谅。

③乘客买票排错队时:对不起,请您到××窗口。

④乘客等候时间过长时:对不起,让您久等了。

⑤维持排队秩序时:请您按顺序排队,不要拥挤。

⑥检查三品时:对不起,请您把包装打开,给您添麻烦了,谢谢合作。

⑦再次查验票证时:对不起,我没有看清,麻烦您再出示一下,谢谢。

【小贴士】

谈话距离

四种距离:私人(亲密)距离:小于半米以至无穷接近

交际(常规)距离:0.5～1.5 米

礼仪(尊重)距离:1.5～3.5 米

公共(有距离的)距离:3.5 米以上

三、服务忌语的正确表达

类　别	服务忌语举例	正确说法
推诿问题	不知道; 我解决不了; 没零钱,自己换去; 这个问题我们不清楚,要咨询打服务热线; 人不在,等一会儿; 这个问题不是我们负责的; 绝不可能有这种事情发生。	您别着急,我会尽力帮您解决 (严格执行首问负责制)

续表

类　别	服务忌语举例	正确说法
公司相关条款和解释条款	这是公司规定，就不行。	请您配合，谢谢您的合作。
解释业务知识	刚才不是和你说了吗？怎么还问； 不是告诉你了，怎么还不明白； 说了这么多遍还不明白。	我再为您解释一遍，好吗？

本单元小结

1. 城市轨道交通服务礼仪概述。
2. 城市轨道交通服务仪容礼仪。
3. 城市轨道交通服务服饰礼仪。
4. 城市轨道交通服务语言礼仪。

单元2 城市轨道交通服务礼仪之形体训练

本章主要阐述城市轨道交通服务人员如何通过形体训练来达到职业规范要求,使学生了解形体训练的重要意义,并掌握形体训练方法以及身体骨骼畸形矫正方法。增强训练意识积极参加锻炼,以达到遵循礼仪准则、规范城市轨道交通服务过程中的职业行为。

任务一 形体训练概述

【任务目标】

通过形体训练原理和概念的介绍,使学生了解形体训练的重要意义。

【任务分析】

重点:掌握形体训练原理。
难点:掌握形体训练价值。

【知识描述】

形体训练理论建立在运动解剖学、生理学、心理学、教育学、体育教学、美学、训练理论等基础上。其动作和成套编排原理、教学训练原则和方法等,与体操、舞蹈有许多相同之处,但其在动作表现形式、音乐节奏变化、对生体的机能和肌肉训练等方面,则与传统的徒手体操和持轻器械体操有较大区别。形体训练动作是按照体操特点进行的再创造,目的在于借助舞蹈动作锻炼身体的各个部位。具有鲜明的节奏感和韵律感,能启迪和帮助训练者有效地进行锻炼。

形体训练的价值有以下几个方面:

1. 增进健康、增强体质

①增强运动系统的功能

经常进行形体训练可提高关节的灵活性,使韧带、肌腱等结缔组织富有弹性。

②促进心脑血管系统机能的提高

长期锻炼,有助于向脑细胞供氧、供能,提高供血能力,提高大脑的思维能力。同时,通过循环系统向全身细胞提供更多的氧和养料,可改善新陈代谢,减少脂肪沉积,延缓血管硬化,有益于健康。

③提高呼吸系统机能水平

人体在进行形体训练时,肺通气量成倍增长,肺泡的张开率提高,从而增大了肺泡的容积和吸氧量。经常参加形体训练会使呼吸肌变得有力,安静时呼吸加深,次数减少,运动时吸氧量大,从而使机体具有较强的有氧代谢能力。

④改善消化系统的技能能力

2．全塑造健美形体,培养端庄体态

形体训练是动态的身体锻炼,消耗身体能量较大,利于消除体内多余的脂肪,在减少多余脂肪的同时发展某些部位的肌肉,使人的形体按健美的标准得以塑造。通常经常性正确的形体动作训练,能矫正不正确的身体姿势,培养正确端庄的体态,使锻炼者的形体和举止风度都会发生良好的变化。

3．焕发精神面貌,陶冶情操

形体训练在音乐伴奏下进行身体练习,音乐给形体训练带来了生机,健美的动作充满青春活力。人们在欢乐的气氛中进行锻炼,心情愉快,不易疲劳,还可排除精神紧张。在这种使人的心灵和情操得到陶冶和净化、身心得到全面协调发展的健康的娱乐消遣活动中,人的精神面貌和气质修养都会有所改善和提高。特别是集体配合练习还有助于增进友谊,增强群体意识。

形体训练能丰富生活,调节情绪,焕发精神,交流情感,陶冶情操,融合人际关系,增强群体意识。形体训练是颇受人们喜爱的身体锻炼项目之一。同时,形体训练具有提高审美能力、进行审美教育等多种功能,它对实现我国的体育目的任务,提高我国的人口素质,塑造我国的人体美形象,改善中华民族的精神面貌,有着积极的作用和深远的意义。

【扩展知识】

健身形体训练

健身形体训练是以健身为目的的一种大众健身活动。全面活动身体,提高有氧代谢水平,增强体质,陶冶情操,促进人体美的形成是健身形体训练的主要任务。根据不同的健身需要,还可以从不同的角度再进行分类和命名。按人体解剖结构特点可分为头颈训练、手臂训练、胸部训练、腰腹部训练、髋部训练、腿部训练。这类运动的特点是:可以有针对性地对人体某部位进行锻炼,改善身体某部位的形态。按目的任务可分为姿态形体训练、医疗保健(康复)训练。这类操的特点是:有利于形成人体的正确姿态和体态,对完善自我、增强社会竞争能力均有良好的作用。按练习方式可分为徒手训练、持轻器械训练、利用专门器械训练。例如,体操棍、哑铃、铁环、沙锤、皮筋、拉带等均属于轻器械类;踏板、圆盘、体操垫、健身器等属于专门器械。这类操的特点:可以增强运动负荷,提高练习情趣。按不同年龄层次可分为青年、少年、幼儿训练。这类操的特点是:其运动量和动作风格以及难易程度都因做操人的年龄特点而有所区别,不易产生由于运动幅度过大、运动强度过激而出现的不良症状。按性别可分为男子训练和女子训练。按动作特色和人名还可分为武术训练、舞蹈训练、迪斯科训练、瑜伽训练和简·方达健美操等。

任务二　形体训练方法

【任务目标】

1. 掌握形体训练方法分类。
2. 学会做形体健身操。

【任务分析】

重点：掌握形体训练方法。

难点：掌握形体健身操的动作要领。

【知识描述】

人们都在寻找适合于自己的一种锻炼方式。形体训练是时代的产物，明快奔放的音乐可使人们在紧张的工作之余得到身心的调整和情感的宣泄，符合现代人追求健美、自娱自乐的需要。同时锻炼的过程中运动负荷和难度可以选择，不同年龄、性别、形体、素质、个性、气质的练习者都可酌情选择不同选项参加锻炼，并通过训练增强体质，因而为男女老幼所接受。此外，对场地、器材条件要求不高，具有广泛的群众性。

首先，形体训练的基本姿势是保持重心向上，身体放松，躯干正直，收腹挺胸，两肩下沉。其次，在注意基本姿势的前提下，在姿态造型上要注意动作的多面性和曲线性，利用髋、肩的参与给动作增添美感和情趣。同时在练习的整个过程中，都要充满自信，情绪饱满，积极乐观，表现出一种开朗豁达、勇往直前、朝气蓬勃的精神，并在音乐伴奏的感召下，努力使动作与音乐互相融合、渗透，达到听觉、视觉和本体感觉的和谐统一。

一、形体训练基本动作的概念

形体训练基本动作是指动作中最主要最稳定的部分，所有动作都以此为核心加以扩展。基本动作是掌握其他动作的基础。形体训练基本动作包括基本姿态动作、基本难度动作、基础动作三大部分。

形体训练中的基本姿势动作是看身体在静态和动态时的各部位姿态，它可以通过舞蹈的姿势进行训练。基本难度动作是指具有一定难度的动作；基础动作是根据人体结构活动特点而确立的具有代表性的动作，共分为7部位的动作，即头颈部位动作，肩、胸、腰、腿部动作，以及上下肢动作。

二、形体训练基本动作特点

1. 基本动作是形体训练中最典型、最核心的部分

形体训练中所有动作的变化和创新都是在基本动作的基础上产生和发展的，身体某个部位的基本动作及具有该部位的共性特征，最具代表性和典型性。

例如形体训练中的动作为：足踝、腿部、髋部、上体、腹部几种，掌握了这些练习，配合身体其他部位动作，可以做出千姿百态的动作。

2. 基本动作是发展形体训练动作的基础

在初学形体训练时,首先应掌握身体各部位的基本动作。只有掌握了这些部位的基本动作,才能抓住形体训练的特点,加速发展动作难度,更好地掌握组合练习。

3.基本动作是形体训练动作中最重要而且是最稳定的部分

形体训练突出的特点之一,就是全面地影响身体,使练习者更加健美。例如:踢腿的基本动作抓住正、侧、后三个面就能较全面地影响身体,在此基础上还能发展各种各样的踢腿动作,而这些动作都离不开这三个基本面的踢腿,因而它是最重要最稳定的。

正因为这些基本动作是形体训练动作的核心、基础,所以正确、熟练地掌握基本动作不仅能在系统练习形体训练之前,对身体各器官的机能产生适应性的训练影响,还可以为成套形体训练动作的练习,打下技术基础。同时,通过这些基本动作的练习还可以抓住形体训练动作的本质特点和规律,培养美感和在动作中学会表现姿态美、动作美、精神美。

三、形体训练的分类

形体训练的内容丰富,形式多样。无论男女老少都可以根据自己身体情况和意识选择适合自己锻炼的形体。

①按人体解剖结构分为:头颈训练、手臂训练、胸部训练、腰腹部训练、腿部训练。

②按目的任务分为:姿态形体训练,医疗保健训练。

③按练习方式分为:徒手训练、轻器械训练、专门器械训练。

④按年龄分为:青年训练、少儿训练、幼儿训练。

⑤按性别分为:男子训练、女子训练。

⑥按人名动作特色分为:武术健身训练、舞蹈健身训练、迪斯科健身训练、瑜伽健身训练、简·方达健身训练等。

四、形体健身操

形体健身操,它是将芭蕾动作与健身操有机结合在一起而创编的。通过这种练习,可改善练习者柔韧性、稳定性、灵活性、协调性和力量等身体素质,还可以提高练习者的节奏感、音乐的表现能力和形体的表现能力,陶冶情操,培养风度和美的感觉,美化身体姿态,从而增强个人的自信,重新认识自我,从自身中获得新的力量。下面介绍一种柔姿健身操。

1.头部基本姿态与练习方法

头部是最有表现力的部位,对整体姿态影响很大。

练习方法(图2.1)

图2.1

18

站立,两手叉腰。

前屈,后屈。

左(右)屈(向左、右倒)。

左(右)转。

左(右)前屈和左(右)后屈。

左右绕环。

2.手的基本姿态与练习方法

①直手(图2.2)

五指并拢,手臂伸直开始依次做以下动作:

拇指稍向下向内。

中指稍向下。

小指稍向外,食、中指及无名指的第一节靠拢。

②圆手(图2.3)

图2.2　　　　　　　　　　　　　图2.3

从手腕到指尖为一圆滑的弧线,后三指靠拢,拇指与食指平行,并在一个平面上。

3.手臂的基本姿态与练习方法

①手臂的基本姿态

直手臂的基本位置:

侧平举(图2.4):两臂与肩平,手心向下。上举:两臂与肩同宽,手心相对,指尖向上,直手,后三指靠拢。

斜上举:两臂斜上举,由侧看,露脸不露耳,手心向上或向下。

②圆手臂基本位置(图2.5)

一位手:手臂弧形下垂体前,掌心向上呈圆形。

二位手:两臂保持一位手的弧形举至胸前。

三位手:两手保持弧形上举至头前上方,掌心向下。

四位手:一臂弧形上举,另一臂弧形前举。

五位手:一臂弧形上举,另一臂弧形侧举。

六位手:一臂弧形前举,另一臂弧形侧举。

七位手:两臂弧形侧举,略低于肩,掌心向前下方。

图2.4

一位手　　　　二位手　　　　三位手　　　　四位手

五位手　　　　六位手　　　　七位手

图 2.5

③手臂练习方法（图 2.6）

图 2.6

手臂的基本动作主要包括摆动、绕环和波浪动作。

摆动：手臂摆动以肩为轴，作向前、向后和向侧的摆动，摆动时肩要下沉。

预备：自然站立，成一位手。

1~2拍，两臂弧形摆至右前举，掌心向下。

3~4拍，两臂侧摆至侧举，掌心向下。

5~6拍，两臂经体侧摆至右侧举，掌心向下。

7~8拍，两臂经体侧摆至左侧举，掌心向下。

绕环：手臂绕环包括各种以肩为轴的绕环，以肘为轴的绕环和以腕为轴的小绕环，两臂可以同时做，也可依次做。

预备：自然站立，两臂侧平举。

1~2拍，两臂由体侧做一个水平绕环。

3~4拍，在头上做一个水平绕环。

5~8拍，右臂侧平举做一个小绕环。

波浪：手臂波浪动作由侧平举开始，由肩带动手臂，使肩、肘、腕、手指依次稍稍上提，然后肩带动手臂稍稍下压，由肩、肘、依次过渡到手指伸直(图2.7)。

图2.7

预备：自然站立，两臂侧举。

1~2拍，两臂同时缓缓弯曲各关节。

3~4拍，两臂同时慢慢伸直各关节。

5~6拍，左臂做波浪动作一次。

7~8拍，右臂做波浪动作一次。

4.腰部基本姿势与练习方法

21

要体现身体各种曲线美,由胸、髋和臂产生的各种富有艺术魅力的体态,主要靠腰部来实现。腰部练习主要是发展腰部柔韧性,灵活性。

1)体后屈练习(图2.8)

预备:双手扶把,并步起踵站立。

1~4拍,向后下腰。

5~8拍,还原。

2)体侧屈练习(图2.9)

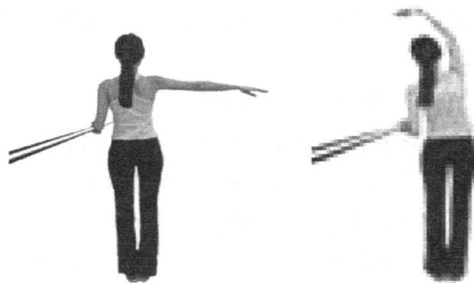

图2.8   图2.9

预备:面向把杆,左手扶把,右手侧举。

1~2拍,体侧屈,右臂由侧举至上举。

3~4拍,还原(手臂经屈腕圆臂至体侧平举)。

3)腰部绕环练习(图2.10)

图2.10

预备:两手相握,翻掌上举,两腿站立。

第一个八拍

22

1～2 拍,两臂转向左前方 45 度,同时体前屈。

3～4 拍,两臂绕至正前方。

5～6 拍,两臂绕至右前方。

7～8 拍,继续绕成体后屈。

第二个八拍

1～2 拍,继续绕环成体后屈。

3～4 拍,继续绕环成体右侧屈。

5～6 拍,两腿左右开立,两臂上举。

7～8 拍,两臂经侧还原。

4)跪撑波浪练习(图 2.11、图 2.12)

图 2.11

图 2.12

预备:跪撑。

1～4 拍,由腰、腹、胸、肩依次沿地面向前挺成俯撑。

5～8 拍,腰、胸、肩依次向上屈成跪撑,全身波浪起伏。

5）全身向前波浪练习（图2.13）

从屈膝半蹲，含胸低头开始，踝、膝、髋、腰胸、颈、头依次向前挺出，两臂径前向后摆至上举。

图2.13

5. 全身向后波浪练习（图2.14）

上体后屈，两臂上举，从膝、髋、腰、胸、颈、头依次弯曲向后拱起，两臂经后下摆至前上举。

图2.14

6. 腿部基本姿态与练习方法

腿部练习主要是发展腿部力量，立度、分度和稳定等练习。

1）坐地练习

坐地做腿部练习时，上体应保持正确的站立姿势，舒展挺拔，手臂伸直在体后撑地，两腿并拢、直膝、绷脚。分别做踝关节屈伸、脚外展、两腿屈伸、仰卧举腿等基本练习。

2）把杆练习（图2.15）

扶把练习，主要是加强腿部力量、柔韧性、灵活性，建立正确的动作姿态，提高身体控制力，扶把方法有两种：

a. 双手扶把，面对把杆站立，双手轻放在把杆上，手臂弯曲，肘关节下垂，把杆高度与练习者腰部齐平（图2.15）。

图2.15

图 2.16

b. 单手扶把,身体侧对把杆站立,单手轻放在把杆上,身体离把杆一脚距离。在做练习前,腿的基本姿势为大腿外旋,脚背绷直,外展;向侧做动作时,膝盖、脚尖向上,向后做动作时,脚外伸、髋外展(图 2.16)。

3)腿的基本部位练习

a. 摆的练习方法(2.17)

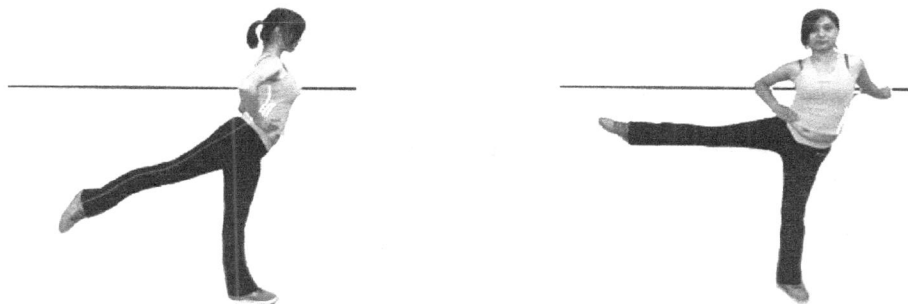

图 2.17

预备:自然站立,左手扶把,右手叉腰。

第一个 8 拍

1~6 拍,右腿向前、后做钟摆式的摆动。

7~8 拍,右腿下落自然站立。

第二个 8 拍

1~6 拍,右腿向侧做钟摆式的摆动。

7~8 拍,右腿下落自然站立。

b. 举的练习方法(图 2.18)

图 2.18

预备:左手扶把,右手叉腰。

第一个 8 拍

1～3 拍,左脚站,右腿前举 45°。

4 拍还原。

5～7 拍,右腿侧举 45°。

8 拍,还原。

第二个 8 拍

1～3 拍,左脚站,右脚后举 45°。

4 拍,还原。

5～7 拍,右腿侧举 45°。

8 拍,还原。

c.控的练习方法(图 2.19)

图 2.19

预备:五位脚站立,左手扶把,右手叉腰。

以第一个 8 拍为例

1～2 拍,右腿屈,脚绷直贴于左腿膝关节处。

3～6 拍,右腿逐渐伸直,控制在 90°上。

7～8 拍,直腿落下点地,还原。

d.压的练习方法

将一腿放在一定的高度,向前压腿时身体向前屈,胸部要贴近大腿,向侧压时,上体尽力后屈。

e.起踵练习(图 2.20)

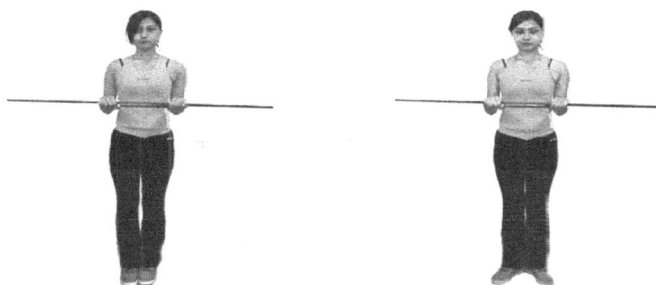

图 2.20

主要是提高踝关节及小腿肌肉力量和控制能力。

并步起踵的练习方法

预备:双手扶把,并步站立(图 2.21)。

1～2 拍,双脚起踵,腿脚夹紧;

3～4 拍,还原。

一位起踵的练习方法(图 2.22)

图 2.21

图 2.22

预备:双手扶把,一位脚站立。

1～2 拍,双脚同时起踵。

3～4 拍,还原。

并步起踵半蹲的练习方法(图 2.23)

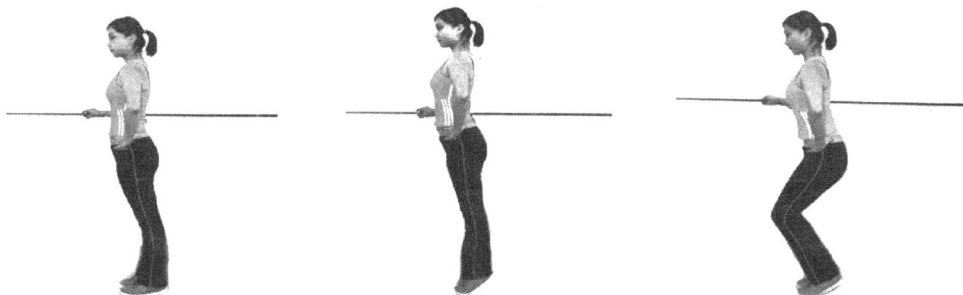

图 2.23

预备:右手扶把,左手叉腰,并步站立。

1～2 拍,起踵下蹲。

3～4拍,双脚起踵。

5～8拍,还原。

f. 擦地练习

主要是提高踝关节的灵活性、柔韧性及脚背力量和控制能力。

一位擦地的练习方法

预备:面对把杆站立,双手扶把。

1～2拍,右脚向侧擦出至脚尖点地,脚跟用力前顶,经半脚掌到完全绷脚,脚尖不离地。

3～6拍,停止不动。

7～8拍,收回一位,沿原路线脚尖、前脚掌、全脚掌擦地放平,收回。

第二个8拍动作同第一个8拍,其方向相反。

g. 下蹲练习(图2.24)

图 2.24

下蹲可增强膝、踝、髋关节灵活性和腿部肌肉的弹性以及腿部的控制能力。在练习时,上体要保持正直。

一位蹲的练习方法(图2.25)

图 2.25

预备:面向把杆,双手扶把,一位站立。

第一个8拍

1~4拍,半蹲,脚跟不离地,髋尽量打开。

5~8拍,起立。

第二个8拍同第一个8拍。

第三个8拍

1~4拍,全蹲,脚跟逐步提起,臀部接触脚跟。

5~8拍,起立。

第四个8拍同第三个8拍。

一位、二位、五位蹲

预备:左手扶把,一位站立,右手一位。

小腿练习(图2.26)

图2.26

重点发展小腿肌肉的力量和速度,要求动作富有弹性,踢起角度为25°。

预备:右脚前五位站立,左手扶把,右手一位。

1~4拍,右手由一位经二位至七位。

第一个8拍

1~2拍,右脚擦地至前踢25°。

3~4拍,左脚前点地,右脚收回前五位。

5~8拍,同上1~4拍。

第二个8拍同第一个8拍,但腿是向侧踢起,收腿时先收前五位,再收后五位。

第三个8拍同第一个8拍中1~8拍,腿向后踢起。

第四个8拍同第二个8拍,收腿时,先收后五位,再收前五位。

屈伸练习(2.27)

练习腿部的力量,主要是以膝关节为轴做小腿柔韧的均衡屈伸。

预备:右腿前五位站立,右手一位,左手扶把。

1~2拍,右手由一位至二位。

3~4拍,右腿向侧举30°~60°,同时右臂七位。

第一个8拍

1~2拍,左腿半蹲,右腿屈膝脚贴于左小腿内侧。

图 2.27

3~4 拍,左腿伸直,右腿以膝为轴向前伸出。

5~8 拍,同 1~4 拍。

第二个 8 拍同第一个 8 拍中 1~8 拍,腿向侧屈伸。

第三个 8 拍同第一个 8 拍中 1~8 拍,腿向后屈伸。

第四个 8 拍

1~8 拍同第二个 8 拍中 1~8 拍。

脚的基本位置

形体训练中的脚位练习,基本采用芭蕾的五个脚位。

一位脚:两脚跟靠拢,脚尖向外转两脚成一横线,两腿伸直。

二位脚:同一位脚,但脚跟分开至一脚距离,两腿伸直,重心在两脚中间。

三位脚:脚尖外展分开,脚跟相叠。

四位脚:两脚平行,前后分开一脚距离,重心在两脚间。

五位脚:将四位脚靠拢,脚尖外开,两脚重叠一起,两脚伸直靠紧。

任务三 姿态形体训练

【任务目标】

1.姿态形体训练方法分类。

2.正确肢体动作在工作中的运用。

【任务分析】

重点:掌握姿态形体训练方法。

难点:掌握正确肢体动作要领。

【知识描述】

姿态,是指作为城市轨道交通服务人员在工作中身体表现出的姿态(如站姿、走姿等)。在服务接待工作中,姿态是有严格规定的,要求将美的形体、美的仪表、美的语言及熟练的操作技能运用与服务的全过程。姿态与操作技能的关系是非常密切的,两者相互影响,相互促进。

忽视这一点,工作中就难免出现这样或那样的问题,直接影响服务质量和企业形象。因此加强在校学生和岗位人员姿态的培训,是服务与管理教学的一项重要内容。

一、站姿

良好的站姿应是像松柏一样挺立,给人以挺、直、高的感觉——对男士而言应有挺拔之美,对女士而言应有亭亭玉立之美。

1. 站姿要领

正立站姿,如图2.28所示。

①头正,颈直,两眼向前平视,下腭微收。

②双肩要平,微向后张。

③挺胸收腹,上体自然挺拔。

④两臂自然下垂,手指并拢自然微屈,中指压裤缝。

⑤两腿绷直,两脚跟并拢。

⑥两脚尖张开45°~60°。

⑦身体重心穿过脊柱,落在两腿正中。

图2.28

2. 训练站姿

训练站姿时应当注意以下四点:

①五点靠墙:背墙站立,脚跟、小腿、臀部、双肩和头部靠墙壁,以训练整个身体的控制能力。

②双腿夹纸:站立者在两大腿间夹上一张纸,保持纸不松、不掉,以训练腿部的控制能力。

③头上顶书:站立者按要领站好后,在头上顶一本书,努力保持书在头上的稳定性,以训练头部的控制能力。

④单腿立:一腿支撑,另一腿屈膝上抬,绷脚贴于支撑腿,双手叉腰,上体微向侧转。可训练腿的挺直及控制力。

⑤效果检测:轻松地摆动身体后,瞬间以标准站姿站立,若姿势不够标准,则应加强练习,直至无误为止。

3. 握指式站姿

握指式站姿,如图2.29所示。

动作要领:在正立姿势基础上,两臂屈肘,握手并置于腹前,右手握左手手指部位,握力适当,两手交叉在衣扣垂直线上,勿深握或浅握。

图2.29

应用范围:与迎宾交谈时或礼貌问候迎宾时采用。

【扩展知识】

(一)车门礼仪服务

车门礼仪服务,如图2.30所示。

动作要领:当来宾乘坐的车辆抵达时,迎宾员应做到车停人到;两脚稍稍分开站立,立腰,上体微有前倾,见宾客下车时,用"乘客请"礼貌用语欢迎宾客(图2.3)。

（二）自动门礼仪服务

自动门礼仪服务由以下 7 个分解动作组成：

1. 正立站姿（客服员站位），如图 2.31 所示。

图 2.30   图 2.31

动作要领：迎宾员站立于门外一侧，与自动门保持适当距离（以不影响开门为宜），身背与门面夹角呈 45°，保持正立姿势。

2. 握指式站立，图 2.31 所示。

动作要领：当迎宾走近 2~3 米处时，由正立姿势换成握指式站姿，同时用"您好，欢迎乘坐"的问候礼貌语欢迎宾客。

3. 右转体 45°

动作要领：迎宾回礼后，迎宾员两手下摆的同时，向右转体 45°，身体重心在右腿上。

4. 脚跟靠拢

动作要领：左脚与右脚靠拢的同时，右臂屈肘上抬，手与腰带平高，距离腹前约 10 厘米，掌心向内，手指不过衣扣垂直线，右臂肘关节向前略打开。

5. "请"

动作要领：以右臂肘关节为轴，前臂平打开，手指向自动门中下方，同时身体重心稍移向右前方，胸和脸部向左转并以礼貌用语"请"配合，微笑迎宾，视线跟随乘客移动（图 2.32）。

图 2.32

6. 右手回收

动作要领：待乘客进门，其身体越过客服员的指尖时，迅速将右手收回。

7. 左转体 45°

动作要领：向左转体 45°，还原成站立姿势。

（三）引导服务

引导服务，一般由站立服务、引客、入座、服务、告退等服务环节所组成，如图 2.6 所示。

1. 站立服务动作要领(如图 2.33)

图 2.33

①引导客服在门一侧成正立站姿迎接宾客。站位、距离参照自动门礼仪服务要求。

②宾客走进 2～3 米处时,由正立换成握指式站姿,同时用"您好""请问""请"或"请跟我来"等礼貌语欢迎宾客,使用礼貌语"请"需将语言和动作配合一致。

2. 值台服务员

站立服务姿势:

值台服务员主要应掌握正立、握指式、背后握指式和调节式四种站立服务姿势。

①正立和握指式站立服务姿态,可参照迎宾员站姿动作要领。

②背后握指式站立

动作要领:在正立站姿要领基础上,两臂后摆,左手握右手或右手握左手手指部位,至于臀后,两臂肘关节自然内收(如图 2.34)。

图 2.34

③调节式站姿

动作要领:在背后握指式站姿上,左腿支撑,身体重心偏移到左脚上,同时右膝放松微前屈,右半部身体处于放松状态。勿脚跟开立、含胸、胯侧摆。

单腿支撑时间约 90 秒,然后交换腿支撑。交换时速度慢些,凭自我感受,不要有明显的交换动作。

应用范围:正立、背后握指式和调节式站姿,用于站立服务;调节式站姿不作为主要站姿运用,它属于一种积极性放松站立姿态,一般在站立时间较长或感到疲劳的情况下采用;握指式站姿,是上前与宾客谈话时的姿态要求。

电梯迎宾客服员服务姿态:

动作要领:客服员面对或偏侧电梯门约2米处,成正立站姿(站位可根据楼层布局适当调整);当客服员引领宾客欲走出电梯时,随即上前一步,换成握指式站姿,同时用"欢迎"礼貌语,并配合以"请"的动作。

二、走姿(如图2.35)

标准走姿的要领(如图2.36)

在站立姿势的基础上,行走时步履轻捷,移动平稳,两臂自然摆动,挺胸抬头,两眼平视前方,注意避免内、外"八"字脚。

1. 走姿练习

提踵走姿姿态,提脚跟用前脚掌行走,对提高足、膝、胯的力量有很大帮助,可增强身体在行走过程中的控制能力。练习时避免身体上下起伏(如图2.37)。

图2.35   图2.36   图2.37

①行走时,必须保持站姿中除手和脚以外的各种要领。

②走路使用腰力,身体重心宜稍向前倾。

③跨步均匀,步幅约一只脚到一只半脚。

④迈步时,两腿间距离要小。女性穿裙子或旗袍时要走成一条直线,使裙子或旗袍的下摆与脚的动作协调,呈现优美的韵律感;穿裤装时,宜走成两条平行的直线。

⑤出脚和落脚时,脚尖脚跟应与前进方向近乎一条直线,避免"内八字"或"外八字"。

⑥两手前后自然协调摆动,手臂与身体的夹角一般在10°~15°,由大臂带动小臂摆动,肘关节只可微曲。

⑦上下楼梯时应保持上体正直,脚步轻盈平稳,尽量少用眼睛看楼梯,最好不要手扶栏杆。

2. 训练方法

①左脚屈膝,向上抬起,提腿向下前方迈出,脚跟先落地,经脚心、前脚掌至全脚落地,同时右脚后跟向上慢慢垫起,身体重心移向左腿。

②换右腿屈膝,经过与左腿膝盖内侧摩擦向上抬起,勾脚迈出,脚跟先着地落在左脚前方,两脚间相隔一脚距离。

③迈左腿时,右臂在前;迈右腿时,左臂在前。

④将以上动作连贯运用,反复练习。

三、坐姿(如图 2.38)

坐姿是一种可以维持较长时间的工作劳动姿势,也是一种主要的休息姿势,更是人们在社交、娱乐中的主要身体姿势。良好的坐姿就是像钟一样端正不斜,给人以端庄、舒适、高雅的感觉。

1)标准坐姿的基本要领

①精神饱满,表情自然,目光平视前方或注视交谈对象。

②身体端正舒展,重心垂直向下或稍向前倾,腰背挺直,臀部占座椅面的 2/3。

③双膝并拢或微微分开,双脚并齐。

④两手可自然放于腿上或椅子的扶手上。

除基本坐姿外,还可以双腿平行斜放,两脚前后相搋,或两脚呈小八字形等,都能给人舒适优雅的感觉。如要架腿,最好后于别人交叠双腿,女子一般不架腿。无论哪种坐姿,都必须保证腰背挺直,女性还要特别注意使双膝并拢。

图 2.38

2)入座、离坐的基本要领

①从椅子后面入座。如果椅子左右两侧都空着,应从左侧走到椅前。

②不论从哪个方向入座,都应在离椅前半步远的位置立定,右脚轻向后撤半步,用小腿靠椅,以确定位置。

③女性穿裙装入座时,应用双手将后片向前拢一下,以显得娴雅端庄。

④坐下时,身体重心徐徐垂直落下,臀部接触椅面要轻,避免发出声响。

⑤坐之后,双脚并齐,双腿并拢。

3)训练坐姿应注意以下三点

①臀部坐椅:只坐 2/3 的椅面。

②双腿夹纸:坐者在两大腿间夹上一张纸,保持纸不松、不掉,以训练腿部的控制能力。

③头上顶书:坐者按要领坐好后,在头上顶一本书,努力保持书在头上的稳定性,以训练头部的控制能力。

1. 正坐

动作要领:上体自然挺胸、立腰、两膝并拢,脚跟靠拢,小腿垂直地面或稍许内收;臀部坐于沙发面的前后 1/2 处,两臂自然弯曲,手持膝部。

目光注视对方(如图 2.39)在保持上述要领的基础上,手的摆放也可以重叠于膝部上方,或将一手臂横放在腿上,另一手臂搁在沙发扶手上。

应用范围:与宾客对面坐姿交谈时采用。

2. 侧坐

侧坐分为左侧坐和右侧坐两种,也是接待工作中常用的一种交谈坐姿(如图 2.37)。

1)左侧坐图

动作要领:在保持正坐姿要领的基础上,左脚和臀部左摆 45°。左摆移动时,两脚跟稍提,脚趾点地,左脚趾随腿左转,同时右脚趾原地向左转,两膝靠拢;左脚左转到位后,右手扶在左手背上,置左膝部之上(如图 2.40)。

图 2.39

2)右侧坐动作要领与左侧坐相同,方向相反。应用范围:分别与左、右侧宾客交谈时采用(如图 2.41)。

3.启掖步坐姿(图 2.42)

图 2.40　　　　　　　图 2.41　　　　　　　图 2.42

动作要领:臀部所坐面积不得超过椅面的 1/2,右脚内收,左脚前伸,右膝迅速插入左膝下部或两膝内侧靠紧;头正、立腰、面带微笑;两臂自然屈肘,肘关节稍内收,左手放在右手背上(启掖步坐姿又称为脚恋式坐姿)。

也可成左脚内收,右脚前伸的姿势,其他动作要领同上。在正坐和侧坐时,均可调换成启掖步坐姿。

应用范围:与宾客对面坐姿交谈时采用。启掖步坐姿,是女服务接待人员应该掌握的。

【扩展知识】

伏案工作人员的坐姿

动作要领:胸自然挺拔,立腰收腹;肩平、头正、上体稍前倾,眼睛与鼻尖的距离保持 0.3 米左右,两臂屈肘扶在台面上(肘关节触台边为宜),两肘之间的距离为一肩半;两膝靠拢或稍许分开,小腿垂直地面(如图。若坐的时间较长,两腿在不影响姿态美的前提下,可以适当调换)。在适当的情况下也可离开座位,做一些健身运动。

坐姿总要求:

①坐姿庄重、大方、娴雅。

②为增进感情的表达和交谈的友好气氛,可适当配合一些手势。但动作要适度,幅度不宜过大。

四、握手姿势(如图2.43)

动作要领:无论站、坐,在与对方握手前,上身应注意正立站姿要领,右手前伸,自然屈肘,手约与对方腰带平高,握对方右手掌指部位,握力适度,左臂自然下垂;上体稍前倾一点,眼睛注视对方,点头示意,微笑迎宾。

握手要注意男女之分:与男宾见面时,男、女接待员均可主动伸手握手;与女宾见面时,女接待员可主动伸手握手、男接待员一般不可主动伸手,先采用握指式站姿礼貌迎宾,女宾若主动握手,男接待员应迅速迎握。

图2.43

正确的握手姿势:

①站起来,两脚并立;

②手抬到腰部,手掌垂直。

③身体稍微前倾(一般是男子)。

④面带微笑,眼睛温和地注视对方;

⑤轻轻地握住对方的手上下抖动。

【扩展知识】

正确的握手取决于以下因素(图2.43)

①手和手势。握手一定要用右手,即使是左撇子,也要伸右手去握,这是约定俗成的礼貌。握手时手要干净,要脱去手套,否则将是十分失礼的表现。

握手时,右臂自然向前,完全伸出右手,四指并拢,虎口张开。同性握手,应虎口相握;男性同女性握手时,一般只轻握对方的手指部分,切忌采用双握式握手。注意相握的双手应上下抖动,而不能左右摇晃。

②表情。握手时要热情,面带笑容,双目注视对方,千万不能一面握手,一面东张西望或斜视他处,给对方留下不屑一顾或心不在焉的感觉。

③姿态。握手距离应保持在一步(65厘米)左右,上体微微前倾约15°,除特殊情况,握手必须站立。

④时间。一般关系,见面握手时稍用力握一下即可放开;关系密切,场合隆重,双方应微摇

几下,时间以 3~5 秒为宜。

　　⑤握力。初次见面,不要太用力握手,如果是熟人偶尔相见,可适当用力甚至双手相握;男女之间握手,不管陌生、熟悉与否,不宜用力过大。

　　⑥次序。见面握手一般应由女性、职位高者、年长者、早到者和主人先伸手,男性、职位低者、晚到者和客人见面应先问候,待对方伸手后再握。

　　五、鞠躬

　　鞠躬礼源于中国先秦时代。从历史渊源上讲,鞠躬礼的产生有两个原因:一是缩小个人的势力圈;二是降低身势减少易受攻击的部位。它最早表示的是鞠躬者对敌方的惶恐、畏惧,显现自己精神的劣势,后来才演变成表示尊敬对方的礼貌动作(如图 2.44)。

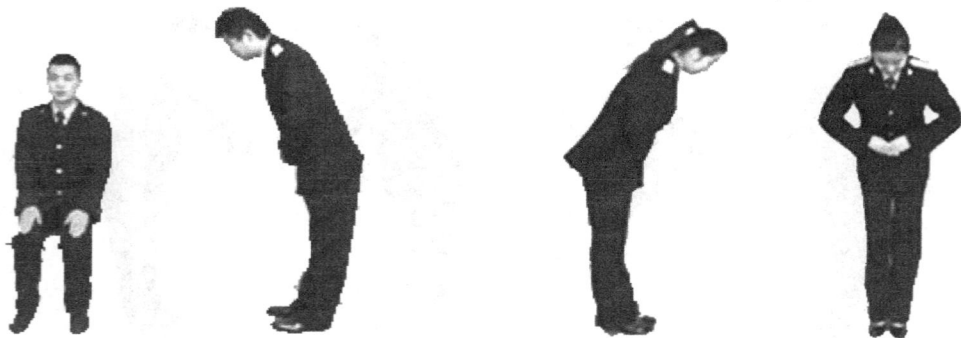

图 2.44

鞠躬的方法:

　　①鞠躬前应脱帽。脱帽所用之手应与行礼方向相反,即向左边的人行礼时要用右手脱帽,向右边的人行礼时用左手脱帽。

　　②行礼时,行礼者应与受礼者相距两米左右。

　　③行礼前,行礼者应用笑容和目光向受礼者致意。行礼时,目光随身体倾而下移至受礼者的鞋尖处,礼毕再平视。目光柔和亲切,不得斜视和环顾。

　　④鞠躬时,应在正确站姿的基础之上,以腰部为转折点,上体前倾 15°~90°(视对受礼者的尊重程度而定)。

　　⑤双手应在上体前倾时自然下垂平放膝前,或于体前交叉,完毕后恢复立正姿势。

　　⑥通常受礼者应及时还礼,鞠躬的度数与行礼者上体前倾的幅度大致相同。不过,长辈对晚辈、上级对下级不鞠躬,欠身点头还礼即可。

任务四　身体骨骼畸形的矫正方法

　　【任务目标】

　　1.身体骨骼畸形的矫正方法。

　　2.身体骨骼畸形的矫正训练。

【任务分析】

重点:身体骨骼畸形的矫正方法。

难点:掌握正确身体骨骼畸形矫正方法的动作要领。

【知识描述】

一个人的身体形态美与不美,其一是要看先天生理骨骼结构,即上肢、躯干、头颈发育是否正常及比例是否合适;其二看全身肌肉、脂肪等分布发育是否匀称健美及外在气质表现。对先天骨骼畸形问题,用运动锻炼的手段,很难从骨骼结构上加以改变,但可以用增加肌肉来弥补其缺陷。再配合相应的姿态训练,会有一定的矫正效果。如"鸡胸"虽然胸骨突出,但若加强了胸大肌两侧的肌肉,"鸡胸"就不显了。对于"O""X"形腿膝关节的结构,锻炼是改变不了的,但相对发展腿部肌肉,腿的弯曲度就会有所改变,还可以注意平时站立多采用前后脚错开或丁字步的姿势,就会让人感觉不到"O""X"形腿(图2.45)。

对于后天长期某些不正确姿势和不良习惯形成的身体畸形,只要坚持相应的锻炼方法,很快就可以得到矫正。

实践证明,形体训练的许多动作,能给身体某些部位以很大的影响。当一个人的体形、体态出现了某些缺陷的时候,就可以选择某些动作进行锻炼加一矫正。

一、矫正"O""X"形腿的训练方法

矫正"O""X"形腿应重点锻炼腿部相应的肌肉及腿部内侧的柔韧性,以及进行站立的技巧等姿态训练。

练习1:弓步侧压腿(柔韧练习)(图2.46)。

动作方法:一腿屈膝,另一腿直腿侧伸或弓步,两手分别扶在两膝部位,做压腿,直腿一侧的手臂用力向下压膝关节的外侧部。两腿交替进行,一腿压15次,共做5组。

练习2:负重夹腿蹲起(大腿股四头肌练习图2.47)。

图 2.45　　　　　　　　　图 2.46　　　　　　　　　图 2.47

动作方法:两腿分开与肩同宽站立,两手提哑铃或腰部、肩部负重物,下蹲后,快速夹腿站起(两膝部夹腿时内侧相触)。用中小重量做15次,共做5次。

练习3:分腿夹球提蹲跳(图2.48)。

动作方法:两腿踝内侧夹一排球,两膝内侧相夹,两脚跟提起,下蹲(膝角大于90°),两手扶在两膝上做向前连续的蹲跳,做30次,共做3组。

图 2.48

练习 4:并膝分小腿坐立屈伸

动作方法:并膝(大腿并紧),两小腿两侧分开,脚背绷直,两手叉腰跪立在垫子上。然后上体下坐,使臀部尽力触垫子,再向上成跪立。做 30 秒,共做 3 组。

提示:"O"形腿是膝关节的结构问题,重点应以站立技巧和发展内外侧肌肉为主,不可多拉硬压膝关节,否则会损伤关节和膝关节内侧韧带。

二、矫正鸡胸的训练方法

矫正鸡胸要重点锻炼胸肌外侧肌肉及背弓的柔韧性。

练习 1:双杠宽距臂屈伸(胸大肌练习,图 2.49)

动作方法:两臂伸直,两手宽握双杠,然后屈肘,身体下垂,再用力向上撑起至双臂伸直。做 15 次,共做 5 组。

练习 2:垂直夹臂(胸大肌练习)

动作方法:坐在夹臂练习器(蝴蝶机)上,小臂分别放在小臂阻力器的护垫上,垂直于地面,然后两臂同时用力,使两个相分离的阻力器并在一起。做 12 次,共做 5 组。

练习 3:仰卧屈体(柔韧练习)(图 2.50)

动作方法:仰卧在垫子上,两手臂位于身体两侧,然后两腿上举屈体,两脚至头上,臀部抬起,髋部尽力接近两肩(双手也可屈肘托腰),做收胸、伸背的姿势。

图 2.49

图 2.50

三、矫正驼背的训练方法

大多学生和青年人驼背,是长期不正确的看书、写字姿势造成的,或者是觉得含胸舒服所以平时老躬着腰,形成胸椎逐渐前弯。矫正的方法是重点锻炼腰背和脊柱的肌肉,以及注意胸部的伸展。

练习 1:俯卧挺身(背肌练习)(图 2.51)

动作方法:俯卧垫子上,两手抱头,同伴帮助固定下肢(压住脚踝部),然后上体向上挺起。做 20 次,共做 5 组。

练习 2:负重躬身(图 2.52)

动作方法:肩负较轻杠铃坐在凳子上,然后挺胸直背塌腰慢慢体前倾,使腹部触及大腿,触后即慢慢抬起上身。做 12 次,共做 5 组。

练习 3:挺胸压拉肩(柔韧练习)

图 2.51　　　　　　　　　　　　　图 2.52

动作方法:面对墙壁分腿站立,两臂直臂上举于体前扶墙,然后挺胸塌腰,做拉肩展胸动作。

四、矫正一肩高一肩低的训练方法

一些学生由于单肩背书包,长期两肩用力不均,造成高低不一,肌肉发达不一。矫正的重点应加强肩部、颈、背部肌肉锻炼。

练习 1:单肩上提(斜方肌练习)(图 2.53)

动作方法:哪个肩低就练哪一侧,肩低一侧手提哑铃分腿站立,然后做肩上耸动作。做 15 次,共做 5 组。

练习 2:单手侧平举(三角肌练习)(图 2.54)

动作方法:肩低一侧手提哑铃,垂直站立或坐立。然后做侧平举动作。做 12 次,共做 5 组。

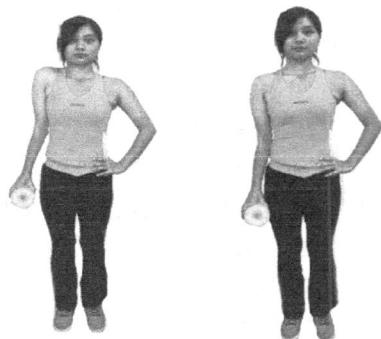

图 2.53

练习 3:腿架高的俯卧支撑移动

动作方法:两手俯卧支撑,两腿架高。然后两臂做直臂左右抬起的移动身体重心练习。做 1 分钟,共做 5 组。

图 2.54

任务五　素质训练分类与训练计划安排

【任务目标】

1. 形体身体素质训练分类。
2. 形体身体素质训练方法及计划安排。

【任务分析】

重点:掌握形体身体素质训练方法。

难点:掌握形体身体素质训练动作要领。

【知识描述】

形体训练根据其动作特点,应重点发展力量素质、柔韧素质、耐力素质和协调性。

一、力量素质

形体训练以健为美。体型上要求丰满、矫健,动作上展示出青春的活力。形体训练的力量主要指腰腹肌力量和下肢的力量。

腰腹肌力量的主要练习方法有:仰卧起坐、直角支撑、鞍马上俯卧背腿、分腿坐慢起提倒立、肘水平、背水平、悬垂举腿等。

下肢力量的主要练习方法有:各种跳步,包括大分腿跳、击足跳、跨跳、撕腿跳和多种变化的中跳、小跳、还有负轻杠铃小跳、快速负重半蹲起等。

二、柔韧素质

好的柔韧性能增大动作幅度,使动作完成得舒展优美。形体训练动作主要练习的部位是肩关节和髋关节的柔韧性和灵活性。柔韧训练要主动方式和被动方式相结合。主动方式是自己主动用力拉压、踢控,被动方式是通过别人用力,肌肉被动拉长的强度柔韧性训练。练习时既可以借助弹性一压一松,也可以停在一定姿势上静止几分钟,不管采用哪种方式,正常呼吸和放松是首要的。被动用力时,用力要匀,慢慢加力,切不可用爆发力突然使劲。撕拉韧带后一定要踢一踢,慢跑一下。

三、表现力

表现力是指学生通过自己的魅力、热情、情感技巧和自信来吸引服务对象的一种能力,它表现在做动作时的表情、激情等方面。

表现力的训练应贯穿在平时的训练中,用各种不同的风格和情趣的音乐配以相应的舞蹈动作或健美操动作是训练中常用的手段。训练时要求提气,目光炯炯,颈背挺直,动作有一种膨胀感。另外,良好的身体姿态和动作的熟练性也是动作表现力的基础。

四、心理素质

心理素质的好差直接影响着学生应聘、就业上岗时技术水平的发挥,模拟训练法和念动训练是心理素质训练经常采用的方法。

模拟训练是为了适应应聘、就业上岗时的心理状态,在教学过程中模拟应聘、就业上岗时的一种做法,在应聘、就业上岗时前训练时可以经常组织一些观众观看,请领导检查训练,请专家与行家指导,联系外单位表演、录像等,给学生造成一定的心理压力,产生与应聘、就业上岗时情景相似的心理状态,帮助学生在应聘、就业上岗时时保持清醒的头脑,正常发挥技术水平。

念动训练法是指在应聘、就业上岗时训练的间歇时间里,或在睡觉前主动想象动作的一种方法,它能有效地帮助学生熟悉动作。应聘、就业上岗前,环境受限,训练场地也不可能让你一个队尽情享用,这是运用念动训练法,在临上场前采用此法可以缓冲和调节学生的紧张心理,使其注意力不被周围喧闹的环境所干扰,强迫学生把注意力集中到应聘、就业上岗时的动作上去。

五、形体训练的计划

训练计划是训练工作的重要组成部分,可行的训练能使训练的目的、任务落实,使训练工作有计划、有步骤的进行。形体训练的训练由于训练的目的和任务不同,计划亦应有别,目前中职学生形体训练的训练目的多是为了参加某个就业招聘而专门组织的,训练一般都是短期的,带有突击性的,因此在短期内要训练好学生、完成面试任务并取得好表现,制订时效性强的形体训练计划便显得尤为重要。本节将以一个学期加一个暑假为训练时间,分三个阶段讲述训练计划制订。

(1)任务

通过形体训练,不仅使学生在音乐和动作的节奏中,实现对肌肉,神经,意志,感觉和情绪的自我控制。增加关节的灵活性,肌肉的弹性和自如的反应能力,而且为塑造健美的形体打好基础。

(2)时间

1个月,每周训练4次左右,其中周末为1次2小时。

(3)训练内容

形体训练基本动作;以柔韧、协调为主的身体素质训练。提升服务意识和进取精神。

(4)检查

以测验为手段,从体形、气质、身体素质、协调性、音乐节奏感等方面去选拔队员,完成准备阶段的训练任务。

本单元小结

(1)形体训练概念。

不仅利用芭蕾、舞蹈、体操舒展的动作训练了人体的优雅姿态,而且也传播了它们高雅的艺术精髓,培养了人的内涵修养,有助于提高练习者现代气质和高雅风度。主要练习正确的立、坐、卧和走、跑及头面部的姿态和表现。使您的外在表现和内在修养、形体之美与精神之美和谐统一。

(2)形体训练特点。

既得到了美的享受,又提高了协调性、节奏感、韵律感和表现力。

对场地、器材条件要求不高,具有广泛的群众性。可塑造人们优美的体态,培养高雅的气质,纠正生活中不正确的姿态。可以说它是所有运动项目的基础。

(3)形体训练的分类。

(4)形体健身操。

(5)姿态形体训练方法分类。

(6)身体骨骼畸形的矫正方法。

(7)形体身体素质训练分类。

单元3 城市轨道交通服务岗位之礼仪

任务一 岗前准备

【任务目标】

1.掌握城市轨道交通行业从业人员岗前个人准备的三个方面。

2.掌握城市轨道交通行业从业人员岗前环境准备的两个要点。

【任务分析】

重点:城市轨道交通行业从业人员岗前个人准备及环境准备的各个方面。

难点:个人仪容仪表的三个重要环节。

【知识描述】

一、个人准备

1.外表修饰

城市轨道交通行业从业人员上岗前应按照公司相关规定穿着制服、工作鞋,不得穿有皱褶、破损及掉扣的服装上岗。佩戴整齐相应的服务标识,包括领带、领结、工号牌、头花、臂章、手套等。

塑造与维护个人良好形象是城市轨道交通行业对从业人员要求遵守的基本行为规范。员工在岗前对于自身仪容仪表的自查尤为重要,主要体现在以下几个方面。

(1)头部

包括头发的长度、头发的洁净度、发型以及头发上的饰品等。

比如男士的前部头发不遮住自己的眉毛、侧部头发不盖住自己的耳朵、后面的头发不超过衬衣领子的上部,如图3.1所示。

女士的头发应美观、干净、符合岗位要求。若为长发必须束在脑后,并用头花固定,不能散落在外,刘海以不能超过眉毛为宜,如图3.2所示。

(2)面部

在我国形容一个人有地位、有尊严,通常会称之为"头面人物"或是"有头有脸的人",这些都足以说明脸面及面部礼仪的重要性。对服务人员而言,面部的基本要求是:保持面部清洁,特别要保持眼睛的洁净,及时修剪鼻毛,注重口腔卫生,保证牙齿中无残留物,面部表情须自然,避免愁眉苦脸。

女服务人员必须淡妆上岗,避免浓妆艳抹。

图 3.1　男士头部标准　　　　　　　图 3.2　女士头部标准

男服务人员要经常剃须,不留长发,同时要避免身体有异物或异味。

(3)手部

对手部的要求包括保持双手的洁净,指甲的长度即指甲长度的标准是与指尖齐平,最长不超过 2 毫米,如图 3.3 所示。指甲的颜色,可以涂抹无色指甲油,但指甲油忌讳残缺不全。

图 3.3　工作人员的手部标准

2.心理调整

一个人的心理状况,往往受诸多方面的影响,但是作为轨道行业服务人员一定要从大局出发,将工作放在第一位,在上岗之前调整个人情绪,以一个良好的心情为广大乘客服务。

3.提前到岗

城市轨道交通行业从业人员应提前到岗,进行工作装的更换、交接班等各项工作的准备。

二、环境准备

环境准备,是城市轨道交通行业从业人员岗前准备工作的一个重要环节,主要包括工作环境的准备和卫生环境的准备。

1.工作环境准备

工作环境准备指城市轨道交通行业从业人员对自己岗位的工作准备,如站巡员岗前需准备好对讲机、信号旗、屏蔽门或安全门钥匙等必需品,并确保工具状态良好;票务员应带好工作用品,领取足够数量票卡,备足备用金(包括纸币和硬币),发票及岗位所属专用通道钥匙或门卡,做好领用记录。

2.卫生环境准备

卫生环境准备指城市轨道交通行业从业人员在上岗之前对整个服务环境进行检查和清洁,为乘客提供一个干净整洁的乘乘环境,使乘客在乘车的过程中,保持愉悦的心情。

【扩展知识】

淡妆上岗的重要性

1.体现了服务人员的整齐划一。

2.是自尊自爱的表现。

3. 扬长避短。

4. 塑造文明、自信形象,拉近与乘客之间的距离。

任务二 值班站长岗位服务礼仪

【任务目标】

1. 熟悉值班站长的岗位职责。

2. 了解值班站长所需要具备的个人素质。

3. 掌握值班站长班前例会标准化作业流程。

【任务分析】

重点:值班站长的岗位职责及应具备的素质。

难点:值班站长班前例会标准化作业流程。

【知识描述】

一、值班站长岗位职责

①在上级领导下,认真贯彻执行党和国家的方针政策及法律、法规;并根据工作部署制订计划,组织实施,定期总结。做到有令必行,有禁必止。

②掌握列车运行情况,负责全站行车及客运组织工作。

③正确规范填写车站的各类台账资料并及时上报。

④加强票务管理,组织落实相关票务政策和票务规章,负责车站的车票、现金安全及票款的解行。

⑤加强班组管理,负责班组员工思想教育和岗位业务培训工作,随时注意了解、掌握员工思想、工作情况,保持员工队伍稳定,预防各类事故发生,确保安全运营。

⑥接待乘客的来访来电,做好车站客运服务工作,妥善处理各类服务纠纷。

⑦组织全站员工迅速、有效处理突发事故,尽快恢复车站正常运作。

⑧完成上级领导临时交办的其他工作。

二、值班站长任职要求

①了解本站的作业特点、技术水平、质量标准、在整个公司中所处的地位以及与其他部门直接的上下级关系。

②能熟练掌握计算机操作,能应用计算机相关软件辅助业务管理。

③具有全站工作的统一组织、控制及沟通、协调能力。

④具有在发生突发情况时的应变、及时有效处理的能力。

⑤具有完成本职务需要的文字表达能力及部署任务、教育、动员下属的语言表达能力。

⑥具有两年及以上车站值班员的工作经历。

⑦具有大专以上学历,或具有同等学历并经过岗位培训考核合格者。

三、值班站长班前例会标准化作业流程

本环节应由老师组织学生一起模拟值班站长班前例会作业标准化流程及礼仪规范标准。

老师可模拟值班站长,学生可模拟各个岗位待上岗的车站工作人员。标准化作业流程及要求如下:

1. 全班组列队

全组员工以军姿站立、精神饱满值班站长整队下口令:现在召开班前例会,立正、向右看起、向前看、稍息。(在实际工作中,值班站长应带领班组员工到达指定地点召开班前例会。开会时应准备好开会所需要的资料)

2. 班组点名

按照名册上人员名单依次点名,点名及回答时均要求精神饱满、声音洪亮,并作好考勤记录,如图 3.4 所示。

图 3.4 值班站长班前例会

3. 仪容仪表检查

点名完毕后,值班站长对各岗位员工的仪容仪表进行检查整理;

值班站长下达口令:"现在开始上岗前仪容仪表检查,请各岗位员工抬手";

检查完毕后下达口令:"停。"各岗位员工停止抬手,保持军姿站立。

值班站长下达口令:"现在请两两相互整理着装,各岗位,向左向右转,开始整理。"整理范围包括工作帽、工号牌、领带、领花、工作制服等。

整理完成后,下达口令:"停,各岗位,向左向右转。"

4. 任务布置及事项传达

值班站长在员工上岗前将对本班重点事项进行传达,并在班组成员中对传达事项进行抽查,以确保员工对相关知识点的掌握。

5. 列队上岗

上岗人员由值班站长重新整队后带队上岗,在带队上岗的过程中要求精神饱满、队列整齐。

值班站长带队上岗,交接岗位时,值班站长下达口令:"××岗出列请交接",接岗人回答:"××岗明白"后出列,当接岗人员出列后,各岗位自动补齐队伍,值班站长再次整队,带队至下一个交接点。

【问题与防治】

1. 值班站长在各岗位顶岗时,需按照各岗位作业要求严格执行相关规定。

2. 值班站长应当班检查不少于四次,检查内容主要包括各岗位员工形象、作业标准等,并在相应巡查表进行签字。

3. 晚上运营结束后,值班站长必须组织全组人员对车站进行一次全面巡查,避免乘客在运营结束后仍滞留车站。

【扩展知识】

首问负责制

"首问负责"就是最先受理乘客问询、投诉的个人或单位,即为首问负责人或单位,负责解答乘客问询、投诉,直至满意为止。首问负责制作为一项专项制度推出具有重要的意义。它负责解决回答乘客问询中一系列的问题。

乘客的问询在每一个环节中都有可能发生,其中比较关键的环节是售票、检票、站台。乘客问询的主要内容大概包括:乘车路线、出入站方向、目的地位置、服务设施位置等。

解答乘客问询的重要性不言而喻,它是服务过程的一个重要环节,同时也是服务礼仪各个方面的综合体现。值班站长对于迅速、有效解答及处理乘客问询、投诉的能力则要求更高。

落实首问负责制,解答乘客问询要注意以下几个方面:

仪 态	落落大方,站立回答,手势明确,配合语言
表 情	亲切自然、面带微笑
神 态	耐心倾听,表示关注
语 言	礼貌称呼,语音清晰,用词准确
技 能	掌握应知应会内容,具有丰富的业务知识

乘客询问时的服务要求:

①主动站立,表情自然,说:您好,请讲。

②倾听时耐心专注、态度诚恳,并注视乘客面部,如图 3.5 所示。

图 3.5　工作人员接受乘客询问

③回答时吐字清楚、语速适中、音量适宜,以乘客听见为准,让乘客有思考过程,要耐心,必要时要重复。

④行走时遇到乘客问询,要站稳面向乘客。

⑤同时有多位乘客问询时,要分先后顺序,逐一解释清楚。

⑥不得以摇头、摆手等不礼貌动作或语言作为回答,不得边回答边做其他工作。

任务三 值班员岗位服务礼仪

【任务目标】

1. 了解值班员的岗位职责。
2. 掌握值班员岗位标准化作业流程。
3. 掌握值班员岗位服务技巧。

【任务分析】

重点:值班员的岗位标准化作业流程。

难点:值班员岗位服务技巧。

【知识描述】

一、值班员岗位职责

车站值班员是车站行车工作的组织者和指挥者,在车站安全生产工作中处于十分重要的地位。车站值班员主要有以下行车相关工作职责:

①负责按照运营时刻表和调度命令组织列车运行,接受和执行调度员发布的各种调度命令,将调度命令传达给司机。

②监控行车设备、消防设备、环控设备、自动售检票设备等车站设备的运行状态,设备发生故障时及时报告给相关专业调度员。

③负责车站维修施工的管理,主要是对各种设备和设施的维修施工作业进行登记,对轨行区的施工进行清点、销点、线路防护,对各类施工作业安全进行监控。

④不能由信号系统自动列车运行时,负责按行车调度员的命令,以替代行车组织列车运行。

二、值班员岗位标准化作业流程

轨道交通车站的行车值班员根据行车工作组织的需要通常设为运营时间的行车值班员和非运营时间的行车值班员。运营时间的行车值班员一般负责监控列车的运行,负责运营时间内各类施工的办理,接听各类电话,传达各类信息,处理运营时间发生的各种应急情况等。非运营时间的行车值班员一般主要负责夜间的施工安排,监控夜间设备的运行情况,出入口的管理等工作。

行车值班员工作流程如下:

①签到,检查所有钥匙及行车备品柜内物品、车站控制室内设备是否良好,填写相关交接台账,详细阅读上一班工作情况、相关重要文件、通知以及本班须完成的工作项目。

②监控各岗位工作情况,监控信号设备运营情况。

③负责接听电话,播放相应广播。

④协助值班站长处理简易基础工作并填写相关台账。

⑤密切留意车站设备状态,发现故障及时报修并作好相关记录。

⑥按要求安排人收、发文件,并传达重要文件信息内容。

⑦掌控车站各岗位人员动态及客流情况,做到合理调配,填写当班相关台账。

⑧与夜班当班员工进行交接,当班员工检查所有钥匙及行车备品柜内物品、车站控制室内设备是否良好,填写相关交接台账,仔细阅读当班情况登记本(包括上一班工作情况、相关重要文件、通知以及本班须完成的工作项目)。交代夜班重点施工项目及注意事项等。

⑨办理施工作业。

⑩监督车站关站情况。

⑪监控夜间各种设备的运行情况。

三、值班员岗位服务技巧

本环节学生应当了解,车站在日常工作中需要面对各类的乘客群体,在办理各种业务时,值班员需要为不同乘客群体提供必要的服务,在这些服务提供的过程中,值班员需要掌握一些服务技巧,而这些技巧也是要求学习轨道专业的学生掌握的。

1. 语言技巧

车站值班员接待乘客建议(投诉)时解释:"您好,请稍等,我立刻通知车站负责人接受您的建议(投诉)。"当乘客对轨道交通企业票务政策、规章制度表示不满时,不要说:"我也没有办法……我不能……"等否定语句,而说:"我的权限是……""我能为您做的是……""看看我还能帮您做些什么……"当乘客受伤时,尽量安抚乘客"请不要紧张,我们马上为您简单处理伤口""我们马上帮您拨打120,救护车马上到"。

2. 形体技巧

形体语言是乘客可以直接观察到的,形体语言的表达要恰当,不能夸张,也不能懒散,没有活力,车站值班员接受乘客建议(投诉)时,应面带微笑,并不时点头示意;引导乘客使用其他票务设备时,应五指并拢,掌心朝上,做自然指引手势,如图3.6所示。

图3.6 引导乘客手势

3. 处理乘客事务技巧

为减少对车站行车组织工作的干扰,行车值班员应尽量避免直接接待乘客建议(投诉),而是通知车站值班站长到场处理。如遇特殊情况需接待乘客建议(投诉)时,不能直接拒绝,而应该详细作好记录,同时通知值班站长到场处理。接受乘客建议(投诉)时,应面带微笑,并不时点头示意;对乘客提出建议投诉的行为表示感谢,并做书面记录。无法圆满处理乘客事务时,应立即通知值班站长到场处理。

4.突发事件的处理技巧

行车值班员遇应急情况要立即通知车站值班站长、站长,按车产程序报告相关上级人员,立即安排专职广播员负责广播工作,并根据车站情况做好人员安排(特别是区域负责人的安排),人员不足时及时请求邻站支援;需要监控客流量时,行车值班员监视好客流变化情况及各区域负责人的沟通情况;此外行车值班员还要做好与控制中心的准确沟通,接受控制中心的生产指令,及时通报现场情况,并根据情况提出支援,及时将内部和外部信息汇报车站值班站长。

车站客运值班员遇应急情况要检查车站票务设备运作情况,在出现火灾等情况时,要及时将 AFC 系统设备设置为紧急放行模式,并到现场确认设备是否按指令要求执行。应预想在前,确保车站车票、票务备品足以应对紧急情况,如数量不足应及时上报并申请调配,到票务处协助售票员做好票务应急处理,保持与行车值班员沟通顺畅。

【问题与防治】

遇到乘客在车站车控室外需要咨询或帮助时,行车值班员需要根据车站车控室内的实际情况,起立或端坐原位解答问询。

看到乘客应当面向乘客,并以单手斜抬起,示意乘客靠近对讲处对话,与乘客对话时,上身应尽量向前倾斜靠近对讲机,以示对乘客的尊重。

处理完乘客事务后,以单手斜抬起作为送别的礼仪。

在对话过程中,注意多使用"十一字文明用语"。

【知识扩展】

车站广播系统

车站的广播系统及相关设备等由车站值班员负责。车站广播可分为人工广播和自动广播,人工广播仅在自动广播无法满足实际需求时使用。

人工广播时,应语调应平稳、圆润,音量适中、语速适中,读音准确,声音清晰明亮,使用文明用语,语言规范,语法正确,措辞得体,一般使用普通话、英语双语广播。

任务四　票务员岗位服务礼仪

【任务目标】

1.熟悉票务员岗位工作职责。
2.掌握票务员岗位标准化作业流程。
3.掌握票务员岗位服务礼仪要点。

【任务分析】

重点:票务员岗位标准化作业流程。

难点:票务员岗位服务技巧。

【知识描述】

一、票务员岗位工作职责

①执行分公司、部、中心、车站的有关规章制度,做到有令必行,有禁必止。

②在值班站长的领导下,负责车站售票工作。

③按规定时间开关售票窗口。严格执行"一验、二售、三找、四清"的作业程序,准确发售票、卡,按规定提示乘客确认票卡面值,不得拒收分币。

④热情接待乘客,对乘客提出的问题,要按规定妥善解决。

⑤对无法过闸机票卡进行分析,并及时、正确处理。

⑥正确使用设备,确保售票亭内整洁和设备内部清洁。

⑦准确填写结算单,交清当班票款。

⑧加强防范,确保票款安全。

⑨完成上级领导交办的其他工作。

二、票务员岗位标准化作业流程

一收:收取乘客的购票款,充值的储值卡。

二唱:唱收乘客的购票相关信息。

三取:从机器上取出发售的车票,从钱箱取出找补的零钞。

四验:查验票卡数量,金额是否相符,找补票款是否准确。

五找:将票、款、打印小票、发票等交付给乘客。

三、票务员岗位服务礼仪要点

①票务员作为与乘客接触最多的轨道行业服务人员,应面带微笑,目光平视乘客,并与乘客进行目光交流。主动向乘客问候,一个好的开始可以使乘客留下好的印象,如图3.7所示。

图3.7 票务员与乘客交流

②票务员在售票过程中不应该拒收乘客的旧钞、零币、分币。

③票务员在收票款、找零钱时应用双手,以示礼貌,如图3.8所示。

④票、卡以及钱款应同时送到乘客手里,方便乘客交付和取回,如图3.9所示。

图3.8　收票款标准动作

图3.9　票、卡以及钱款交付

【问题与防治】

1. 在岗期间应注意仪容仪表的整洁,坐姿站姿的规范,语言的准确。在收取或交付乘客的车票、钱等物品时应用双手,忌将交付乘客的物品直接放到服务台上。

2. 在服务过程中,语言尽量使用"十一字文明用语"。

十一字文明用语为:"请、您、您好、谢谢、对不起、再见"。

任务五　厅巡员岗位服务礼仪

【任务目标】

1. 熟悉厅巡员岗位职责。
2. 掌握厅巡员岗位标准化作业流程。
3. 掌握厅巡员岗位服务要求及要点。

【任务分析】

重点:厅巡员岗位标准化作业流程。

难点:厅巡员岗位服务要求及要点。

【知识描述】

一、厅巡员岗位职责

①贯彻和执行车站相关政策和管理规章。

②注意站厅付费区、非付费区乘客的动态,发现有违反地铁规定的要及时制止。

③在站厅、出入口范围发生的治安、安全事件,要及时赶到,保护现场,寻找两名及以上目击证人,对伤者可使用外用药。

④负责站厅、出入口的客流组织工作,及时疏导乘客,防止乘客过分拥挤或排长队,客流变化时及时汇报车控室。

⑤负责协助值班站长、值班员及时更换钱箱、票盒,负责站厅票务工作的安全保卫,引导不能正常进出闸的乘客到票务处处理。

⑥留意地面卫生,对水渍、杂物等及时清理和设置警示牌,防止乘客摔倒。

⑦负责检查自动扶梯的状态是否良好,留意扶梯口,发现乘客在徘徊、试探上扶梯时应及时指导或指引其走楼梯。

⑧负责进站的重点乘客安全并帮助乘客,回答乘客询问。

⑨与站台岗做好互控,互相通报上下站厅的重点乘客动态。

⑩负责站厅、出入口设备、设施的安全,运营时间内每隔一段时间(2小时)巡视一遍出入口并将巡视情况报站控室,站控室作记录。发现有故意损坏或偷窃地铁设备设施行为时及时制止,留下肇事人,报车控室处理。

⑪完成领导交办的其他工作。

二、厅巡员岗位标准化作业流程

厅巡员应主动热情地为乘客服务,做到全面服务,重点照顾,主动解决乘客的疑难问题(所谓重点乘客是指老、弱、病、残、孕及怀抱小孩的乘客)。

解决乘客问题时,应做到"一迎、二听、三答"的一次作业程序。

"一迎":微笑迎接乘客的问询。

"二听":认真听完乘客的提问。

"三答":耐心回答乘客的问题。

三、厅巡员岗位服务要求

①不断巡视站厅设备、扶梯的运行情况、乘客进出站情况等,并根据乘客需要及时提供协助。

②回答乘客询问,解决一般乘客问题,帮助乘客,特别注意帮助老、弱、病、残等需要提供帮助的乘客。

③及时换钱箱、票盒、处理失票及帮助引导进出闸车票有问题的乘客到售票处。

④负责站厅员工通道门的管理,对由通道门进出的人员进行严格登记。

⑤负责有效调动本站临时工作人员(引导员等)做好乘客服务工作。及时向值班站长、值班员报告异常情况和问题。

⑥积极疏导乘客,要特别注意突发暴风雨时,乘客拥向出入口,堵塞通道等特殊情况。

⑦当乘客对使用车站自动售票系统有困难时,应热情耐心地给乘客示范,并回答乘客问题。

⑧当遇到超过自己处理能力的事情时及时请求值班站长和其他同事协助。

⑨见有特殊乘客进站及时通知有关岗位,对老年乘客、小孩、行动不便者要指引其走楼梯,必要时提供扶助以避免客伤事件发生。

⑩发现乘客携带"三品"、宠物、超长、超重物品进站乘车时应协助安检员礼貌地制止,并解释相关规定。

⑪厅巡员要在2分钟内赶到现场处理乘客问题,如不能及时赶到,必须马上汇报站控室,听从站控室安排。

⑫厅巡员应留意乘客排队人数,客流量发生突发的、大的变化时应及时向值班站长汇报售票厅和自动售票机前乘客排队的人数,以便值班站长决策。

⑬积极引导进站乘客到乘客较少的售票厅、自动售票机、闸机等处购票、进/出站。

四、厅巡员岗位服务要点

1. 当乘客进站时

①乘客,您好! 请在这里刷卡进站,谢谢。

②乘客,您好! 请右手刷卡,左边进站,谢谢。

③请带小孩的乘客将小孩抱起来通过闸机,以免夹伤,谢谢。

2. 出站引导时

①乘客,您好! 请在这里刷卡出站,谢谢。

②乘客,您好! 请将单程票投入回收口中,谢谢。

③请带小孩的乘客将小孩抱起来通过闸机,以免夹伤,谢谢。

【问题与防治】

走姿的注意事项

1. 低头看脚尖:"我心事重重,萎靡不振";

2. 拖脚走:未老先衰,暮气沉沉;

3. 跳着走:心浮气躁;

4. 走出内/外八字;

5. 走路时大半个身子前倾:动作不美,又损健康;

6. 行走时与其他人相距过近,与他人发生身体碰撞;

7. 行走时速度过快或过慢,以致对周围人造成一定的不良影响,如图 3.10 所示。

图 3.10 错误走路姿势

【扩展知识】

特殊乘客进站时的服务用语

1. 老人:提醒乘客注意台阶,扶好台阶的扶手,慢行。

2. 盲人:提醒乘客注意台阶,扶好台阶的扶手,沿盲道行走,主动问询乘客是否需要帮助。

3. 孕妇:提醒乘客注意安全,扶好台阶的扶手,主动问询乘客是否需要帮助。

任务六　站巡员岗位服务礼仪

【任务目标】

1. 熟悉站巡员岗位职责。
2. 掌握站巡员岗位标准化作业流程。
3. 掌握站巡员岗位服务要求及要点。

【任务分析】

重点:站巡员岗位标准化作业流程。

难点:站巡员岗位服务要求及要点。

【知识描述】

一、站巡员岗位职责

①熟悉车站周围环境,如公交线路、路名,主要建筑物及著名景点等。

②对候车人员要做到热情服务,重点照顾,注意乘客候车动态,及时发现乘客异常,防止跳下站台进入隧道,积极疏导宣传,维护车站正常的候车秩序。

③列车进站前,确认线路无障碍,并引导乘客在安全线内候车,若发现轨道上有异物或有危及列车安全运营和乘客安全的情况,立即向司机发出停车信号或按下紧急按钮。

④列车关门时,密切注意列车车门状态,如有车门关闭不上或者夹人夹物,应及时协助司机采取必要的措施。

⑤列车启动后,注意乘客候车动态及列车的异声、异味、异态,如有异常及时通知值班站长或行值。

⑥掌握信号设备故障情况下以信号灯、信号旗或徒手等方式显示信号的方法。

⑦知晓紧急情况下屏蔽门故障的处置方法。

⑧遇有车站发生伤亡事故,应及时向有关部门汇报,保护现场,做好取证工作,疏导乘客,不扩散事态,并协助公安人员清理现场。

二、站巡员岗位标准化作业流程

①巡视:观察列车运行状态和候车人员动态;巡视是否有乘客跳下站台、进入隧道内或停留在线路上;巡视是否有人(物)侵入限界。在巡视过程中,严格履行岗位职责,保持规范的站姿、行姿;发现异常情况及时汇报行车值班员并采取措施。

②宣传:随时提醒乘客,候车时不要越过黄色安全线,遵守乘车秩序,先下后上。宣传用语:"乘客您好,为保证您的乘车安全,请您在候车时不要越过黄色安全线",发现越过黄色安全线的乘客,要及时阻止:"请您不要越过黄色安全线,谢谢合作。"

③目迎:在指定位置目迎列车进站。

a. 面向接车线路,巡视站台候车乘客,如图3.11所示。

b. 转体90°,面向列车进站方向,观察有无异常。

　　c.转体 90°面向列车进站方向,观察列车进站过程,列车车头越过接车位置后,回转 90°面向列车。

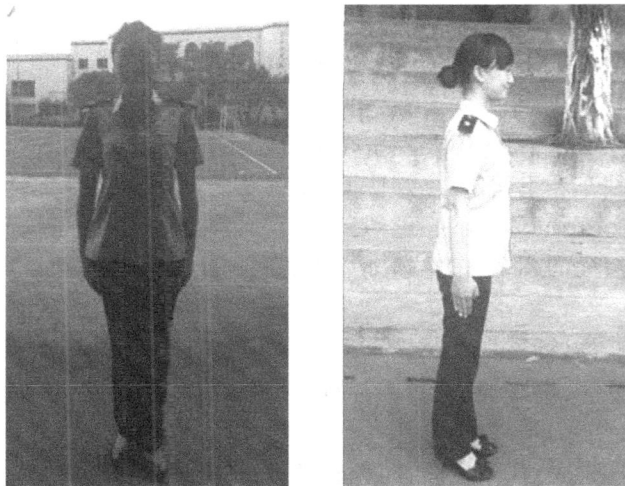

图 3.11　站巡员站台接车

　　d.疏导:组织乘客分散上车。积极宣传疏导,如"乘客您好,请您站在黄色候车线内候车,先下后上,上不去的乘客,请您等候下次列车"。

　　e.目送:目送列车出站至车尾越过出站信号机。

　　列车启动,尾部越过接车位置后转体 90°面向出站方向,目送列车,监视列车运行。

　　三、站巡员岗位服务要求

　　①监视列车运行状态、候车乘客动态,监视是否有乘客跳下轨道、进入隧道或乘客物件掉落轨道,根据情况及时采取正确的处理办法。

　　②宣传乘客在黄色安全线以内候车,不要依靠屏蔽门,不要抢上抢下,维护站台秩序,组织乘客有序乘降。

　　③在指定位置迎送列车,若发现异常情况及时采取措施或与车控室联系。

　　④确认列车车门关闭状况,发现夹人夹物及时通知司机。

　　⑤当客车车门或屏蔽门故障时,协助司机处理车门,如协助切除车门或贴上"此门故障,暂停使用"的静电贴纸、摆放"暂停使用"警示牌等。

　　四、站巡员岗位服务要点

　　①当站台候车乘客较多时

　　站巡员应注意引导乘客候车进行喊话:"候车的乘客请往站台中部走,依次排队,分散乘车。"或"各位乘客,请往站台中部走,分散候车,避免拥挤。"

　　②列车进站前,目迎列车进站(面向列车开来的方向站立),并观察前后乘客候车动态

　　列车即将到站,请各位乘客按照地面箭头指示方向排队候车。先下后上,不要拥挤,注意安全。

　　列车即将到站,请不要触踫屏蔽门,注意安全。

　　各位乘客,请您在车门两侧依次排队候车,谢谢配合!

　　③当列车头部越过站务员时,迅速转体 90°面向列车,此时可以进行安全喊话:

请文明乘车,注意安全,为有需要的乘客让座。

列车停稳后,向车控室报点。

值班员,上(下)行×××车到站。

"请乘客先下后上,文明乘车,为有需要的乘客让座。"

④上车的乘客拥挤时

上车的乘客请往车厢里面走,不要拥挤在车门处,谢谢您的配合。

上车后的乘客请往车厢里面走,拉好扶手,注意安全。

不能上车的乘客,请耐心等候下一班列车。

⑤列车关门启动后面向列车,车尾越过站务员时迅速转体目送列车离去,向车控室报点:值班员,上(下)行×××车离站。

⑥电扶梯、楼梯引导喊话

a.搭乘电扶梯的乘客,请紧握扶手,靠右站立,照顾好身边的老人和小孩,请不要将头、手伸出扶手带外,以免夹伤。

b.请走楼梯的乘客,注意脚下台阶,照顾好身边的老人和小孩,谢谢!

c.对不起,电梯正在检修,请走旁边楼梯。

【问题与防治】

站巡岗岗位作业纪律

1.列车运营期间站巡员必须一直值守站台,不得离岗、脱岗巡查时注意宣传资料是否齐全,站台的清洁卫生、消防设施、电扶梯等是否整洁完好。

2.站巡岗人员必须携带和使用喊话器、对讲机、屏蔽门钥匙和301钥匙等基本工具。

3.对候车人员要做到热情服务,重点乘客重点照顾。

所谓重点乘客就是指老、幼、病、残、孕及怀抱小孩的乘客。

任务七　安检员岗位服务礼仪

【任务目标】

1.熟悉安检员岗位职责。

2.掌握安检员岗位具体配置及服务要点。

【任务分析】

重点:安检员岗位职责。

难点:安检员岗位服务要点。

【知识描述】

一、安检员岗位职责

①遵守各项法律法规和地铁各项规章制度,服从各级领导管理,对违反法律法规或车站相关规章制度的现象应及时发现并向上级报告。

②严格遵守劳动纪律,不迟到、不早退、不擅离职守、在岗期间不做与工作无关的事情。

③严格按规定着装上岗,规范佩戴标识,自觉维护车站安检人员岗位形象。

④认真履行岗位职责并协同其他安检员作好安检工作。

⑤熟练掌握各种安检设备的正确操作及识别方法。

⑥按照"逢包必检"的安检要求,负责宣传引导乘客进入安检区域,文明值岗,态度和蔼。

⑦对可疑物品进行针对性探测,确定可疑物性质,及时移交车站驻站民警处理并作好记录。

⑧对无异常的行李包应疏导乘客尽快离开安检点保证乘客道行畅通。

二、安检员岗位具体配置

1. 引导岗

引导岗应位于安检机传送带入口附近,便于引导携带物品或未携带物品乘客分别进站。

2. 值机岗

值机岗应正对安检机显示屏,便于认真监视安检显示图像。

3. 手检岗

手检岗应位于安检机传送带出口处手检台位置,便于开包检查。

三、安检员岗位服务要点

1. 站姿

男、女士站姿要求:两腿并拢,脚后跟靠拢,脚尖分开约45°。双手侧放于大腿两侧,五指并拢,掌心略虚,紧贴裤缝,如图3.12所示。

2. 坐姿

男士坐姿要求:男士坐姿采用开膝式。即上身与大腿,大腿与小腿,小腿与地面皆成直角,双膝分开不超过肩宽,双脚朝向正前方,双手相合,手肘三分之一处放在桌边缘处。坐椅子三分之二处,上身挺直,背部严禁靠椅,眼睛注视监视器,如图3.13所示。

女士坐姿要求:女士坐姿可采用正襟危坐式。

正襟危坐式即:上身与大腿,大腿与小腿,小腿与地面皆成直角,双膝双脚并拢;双手相合,手肘三分之一处放在桌边缘处,如图3.14所示。

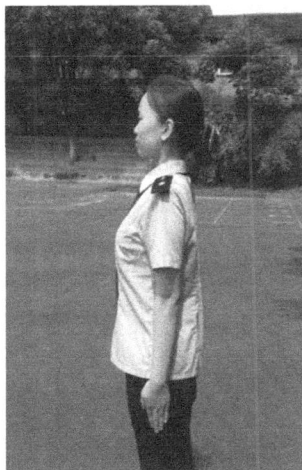

图3.12 安检员站姿

3. 指引手势

指引要求:两腿并拢,脚后跟靠拢,脚尖分开约45°。一手侧放于大腿一侧,五指并拢,掌心略虚,紧贴裤缝。另一只手五指并拢,掌心略虚,大拇指内扣,手肘略微弯曲,头部与肩部、肩部与背部呈一条直线。指引乘客时,双眼注视被指引对象。

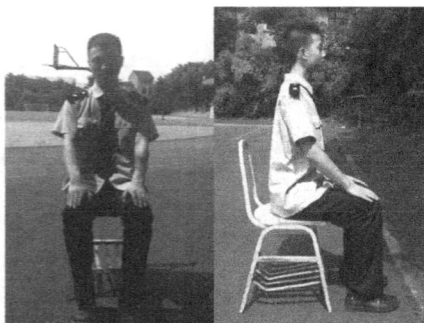

图 3.13　男士安检员坐姿　　　　　　　图 3.14　女士安检员坐姿

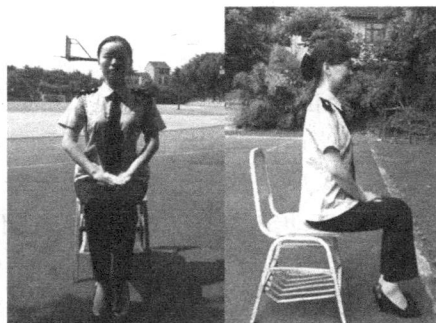

4. 语言

当有乘客进站时：

安检员应口呼："您好,请接受安检,谢谢配合!"

当有大批量乘客进站时：

安检员应口呼："各位乘客,请依次排队接受安检,谢谢配合!"

当乘客准备把包放在传送带上时：

安检员应口呼："各位乘客,请把包平放在传送带上接受安检,谢谢配合!"

当发现有可疑物时：

安检员应口呼："对不起,我们需要开包检查,请您自己打开箱包,谢谢配合!"

当确定为危险品后：

安检员应口呼："对不起,这是危险品,按规定不能带入,您可以选择其他交通工具或主动丢弃该物品,谢谢配合!"

当耽误时间较长时：

安检员应口呼："抱歉,耽误了您的时间!"

当乘客配合完成安检后：

安检员应口呼："谢谢您的配合!"

【问题与防治】

安全检查人员实施安全检查时,应当严格遵守下列规定：

1. 佩戴工作证件；

2. 文明礼貌,尊重受检查人；

3. 严格执行安全检查操作规范；

4. 不得损坏受检查人携带的合法物品；

5. 发现禁止携带的物品和违法犯罪行为时,立即向公安机关报告。

【扩展知识】

安检员安检常识

1. 禁止携带枪支弹药等管制器具以及爆炸性、易燃性、放射性、腐蚀性等可能影响公共安全的物品进入城市轨道交通设施,对进入城市轨道交通车站人员的携带物品可以实施必要的安全检查措施。

2. 实施安全检车措施期间,不接受安全检查的,车站工作人员有权拒绝其进入城市轨道交通车站,拒不接受安全检查行为进入城市轨道交通车站或者扰乱安全检查现场秩序,构成违反治安管理行为的,由公安机关依法处理。

3. 公安机关应当制定城市轨道交通安全检查操作规范,对城市轨道交通安全检查工作进行指导、检查和监督,并依法处理安全检查中发现的违法犯罪行为。

本单元小结

本单元主要讲述了城市轨道交通行业包括值班站长、值班员、票务员、厅巡员、站巡员、安检员等岗位的相关知识。要求学生了解并掌握各个岗位的岗位职责、岗位服务要求及服务技巧。

单元4　城市轨道交通服务之手语

手语是聋哑人进行交流的特殊语言,在轨道交通服务中,当面对聋哑人等特殊服务对象时,需要轨道交通服务人员运用手语和他们进行交流。所以,掌握一些轨道交通服务手语是轨道交通服务礼仪的重要组成部分。

任务一　手语的概念及其特点

【任务目标】

1.了解手语的基本概念及其特点。
2.掌握汉语手指字母图。
3.掌握数字手语。

【任务分析】

重点:手语的基本概念及其特点。
难点:1.汉语手指字母图的掌握。
　　　2.数字手语的掌握。

【知识描述】

一、手语的概念

手语是应聋哑人交际的需要而产生的,包括手指语和手势语。手指语是用手指的指式变化和动作代表字母,并按照拼音顺序依次拼出词语。自然手势和人为手势结合为手势语。

手语是把传统的手势语与手指字母结合起来,以使传统手势条理化,能与口语、书面语靠近或一致的一种形式。

手语如同汉语有地方方言一样,也有各种地方的不同手语。

二、手语的特点

①手语和有声语言物质基础不同。手语是把思想、感情物化在动作、表情之中。有声语言是物化在声音之中。

②感知手语和有声语言的感觉不同,前者是看,后者是听。

③手语多与物体有联系,具有很强的形象性,语言则是概括地反映现实。

三、手语的弱点

①使用范围狭窄、局限,不是所有人都会使用。

②手语表达能力差,词汇贫乏,很多抽象事物手语很难表达。

四、汉语手指字母图（图4.1）

图4.1　汉语手指字母图

五、数字手语图（图4.2）

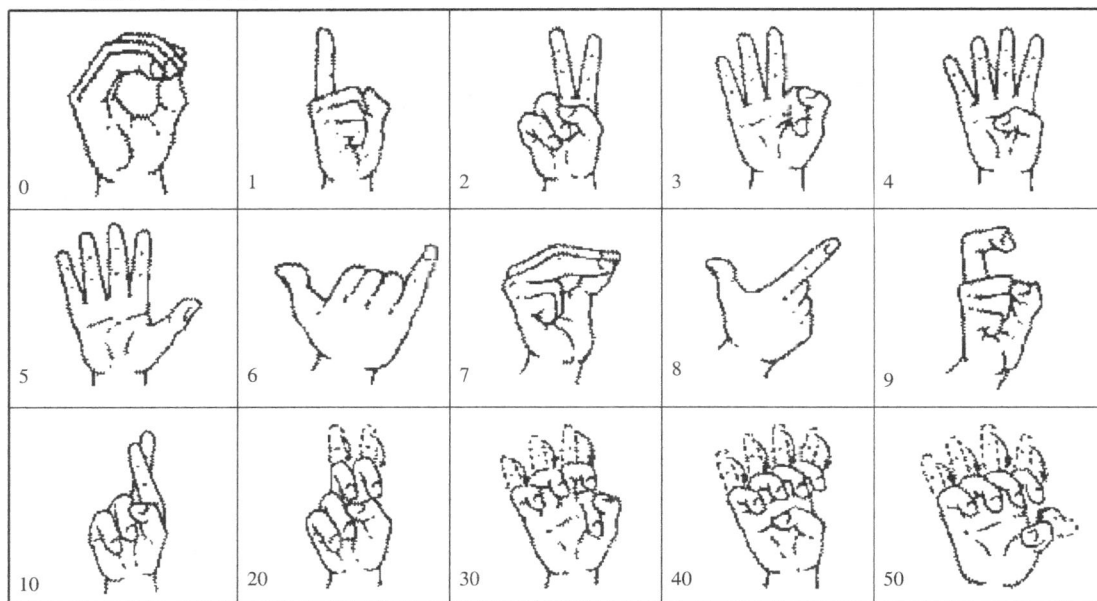

60	70	80	90
100	千	万	亿

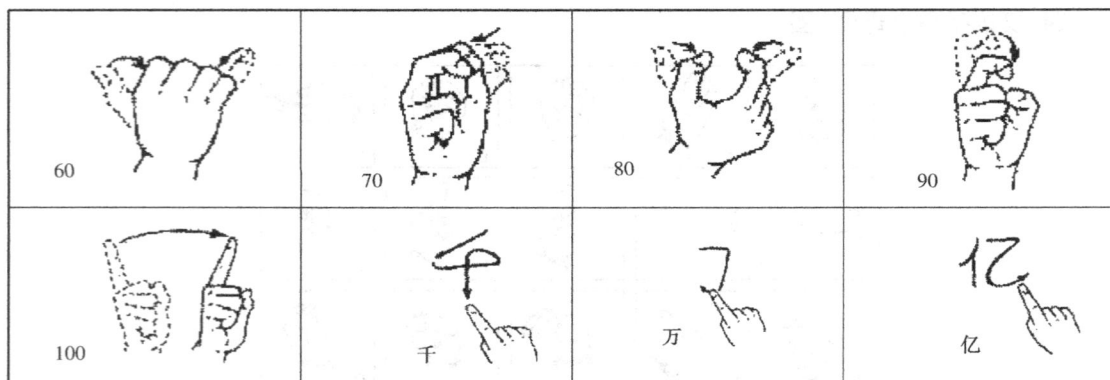

图4.2　数字手语图

【问题与防治】

问题:汉语手指字母图和数字手语图是学习手语的基础,初学者不易掌握。
防治:借助图片和分组学习,熟悉汉语手指字母图和数字手语图。

【知识扩展】

在远古时代,全人类都处在简单的有声语言阶段,常常用手做各种姿势来表达意思,这样的手势大多数是指示性和形象性的动作,叫作自然手势。此后随着社会的进步,特别是聋哑教育的产生与发展,开始创造出具有语言性质的手势,这种在有声语言和文字基础上产生的,与有声语言密切结合的手语,称为人为手势。自然手势和人为手势结合成为手势语。

由于我国幅员辽阔,人口众多,如同汉语有各地方言一样,手语也有各种不同的地方手语。20世纪50年代后期,中国聋哑人福利会就开始了中国手语规范化的工作,1990年,中国聋哑人协会编辑的《中国手语》工具书正式出版发行。

任务二　服务常用手语单词

【任务目标】

1.掌握方位、货币、交通等常用服务手语单词。
2.掌握其他常用服务手语单词。

【任务分析】

重点:能识别常用服务手语单词。
难点:能运用常用服务手语单词。

【知识描述】

服务常用手语,主要是以售票、检票、站台岗等运营服务为内容,在这里,我们总结、提炼了与地铁服务有关的手语单词和常用语句,供地铁服务人员学习、运用。

一、服务常用手语单词

1. 方位词

在地铁服务中,经常会遇到为乘客指示方向的情形,所以对手语方位词的学习是非常有必要的。

方位词东的手语为:右手伸掌,指尖指向右边,如图4.3所示。这是根据地图上北、下南、左东、右西的习惯(如打手语者面对地图)制定的。

方位词西的手语为:右手伸掌,指尖指向左,如图4.4所示。

图4.3　东

图4.4　西

方位词南的手语为:右手抻掌,指尖朝下,如图4.5所示。

方位词北的手语为:右手伸掌,小臂上举,指尖朝上,如图4.6所示。

图4.5　南

图4.6　北

方位词上的手语为:一手伸食指向上指,如图4.7所示。

方位词下的手语为:一手伸食指向下指,如图4.8所示。

图4.7　上

图4.8　下

方位词前的手语为:一手伸食指,指向正前方,如图4.9所示。

方位词后的手语为:一手伸食指,指尖向肩后指,如图4.10所示。

图4.9　前

图4.10　后

方位词左的表示方法为:右手拍一下左臂,如图4.11所示。

方位词右的表示方法为:左手拍一下右臂,如图4.12所示。

图4.11　左

图4.12　右

方位词正面的表示方法为:左掌直伸,四指并拢,掌心向外。右手伸食指指左手掌心,如图4.13所示。

方位词反面的表示方法为:左掌直伸,四指并拢,手背向外,右手伸食指指左手背,如图4.14所示。

图4.13　正面

图4.14　反面

方位词里面的表示方法为:左手横伸,手背向外,右手伸食指,指尖向上,放于左手掌后并向下移,如图4.15所示。

方位词外面的表示方法为:左手横伸,手背向外,右手伸食指,指尖向下,在左手背外向下指,如图4.16所示。

图4.15　里面

图4.16　外面

方位词附近的表示方法为:双手拇、食指相捏,手背朝外,左手不动,右手向左手连续靠近几次,如图4.17所示。

方位词旁边的表示方法为:一手伸食指在另一侧手臂处向外指几下,如图4.18所示。

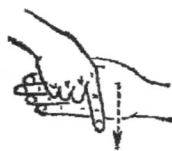

图4.17　附近

图4.18　旁边

方位词"中间"或"中旬"的表示方法为:左手拇指、食指与右手食指搭成"中"字形,如图4.19(一)所示。

方位词期间的表示方法为:左手直立,手背向外,五指张开;右手食指在左手指缝间指点几下,如图4.19(二)所示。

方位词方向的表示方法为:双手伸拇、食指相搭成方形或将手掌向前伸出,如图4.20所示。

图4.19 中间、中旬;期间

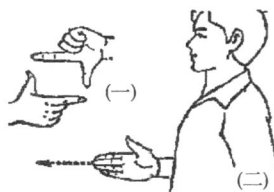

图4.20 方向

2.时间单词

右手伸食指从左拳的骨节处向下划表示年,如图4.21所示。(拳背四个骨节代表四季,直划下去表示一年)。

左手食指直立不动,右手食指从左手食指指尖向下划表示月,如图4.22所示。(一个月用一指,二个月用两指,其余类推)。

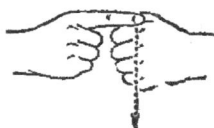

图4.21 年

图4.22 月

右手拇、食两指弯曲成半圆形,从一边向另一边作半弧形移动,象征从日出到日落,即一天的时刻,表示日如图4.23所示。

左手食指直立不动。右手打"七"手势在左手食指尖上点一下,表示七天即一星期之意,如图4.24所示。(如两个星期,则右手打"七"手势在左手食、中指尖上分别点一下,其余类推)。

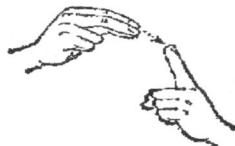

图4.23 日

图4.24 一星期

双手伸掌,掌心向上,横于腰部,上下微动,表示"就是现在"的意思,即"今天",如图4.25所示。

右手伸食指贴于太阳穴部,头微偏;然后食指离开,头部转正,表示睡觉过了一天,即"明天"之意,如图4.26所示("后天"用两个指头)。

图 4.25　今天

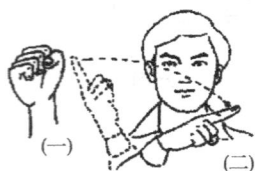

图 4.26　明天

左手做字母"D"的指式，如图 4.27（一）。右手伸食指，指尖向右，然后作弧形移动至左肩前，如图 4.27（二），表示当天。

双手各伸食指，指尖朝前，一手不动，一手向前移动，表示超过，如图 4.28（一）。双手直立，掌心相对间距约 20 厘米，表示一段时间，如图 4.28（二）。

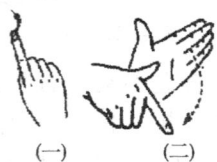

图 4.27　当天

图 4.28　超过、一段时间

手指书空"，"一下，表示分的记时符号，如图 4.29（一）。一手伸拇、食指，拇指尖抵住另一手掌心，食指向下移动，表示钟表的指针转动，如图 4.29（二）所示。

左手食指向上伸直，向一侧一顿一顿移动几下，如图 4.30（一）。右手食指，指尖向右，然后作弧形移动至左肩前，如图 4.30（二），表示每天。

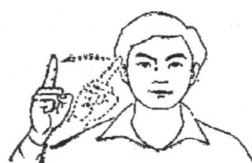

图 4.29　分钟

图 4.30　每天

右手食、中指伸直，两指交替在胸前活动几下，如图 4.31（一），然后右手伸出拇、食指，拇指尖抵住另一掌心，食指向下移动，表示钟表的指针转动，如图 4.31（二）表示随时。

双手手背相贴，置于胸前，然后上面的手向上提，如图 4.32 表示提前。

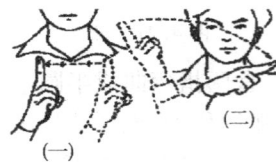

图 4.31　随时

图 4.32　提前

右手平伸,掌心向上,横于腰部,上下颤动两下,如图4.33表示现在。

图4.33　现在

首先,用右手拇指担住食指指尖,表示一点点,如图4.35(一)。然后右手伸出拇、食两指,拇指尖抵住另一手掌心,食指向下转动,象征钟表的时针在转动,如图4.35(二)所示,表示临时、刚才、一会儿。

（一）　　（二）

图4.35　临时、刚才、一会儿

3.货币单词

人民币

首先双手食指搭成"人"字形并转一圈,如图4.37(一)。然后右手拇、食指捏成小圆圈,微动几下,如图4.37(二)所示,表示"钱币"。

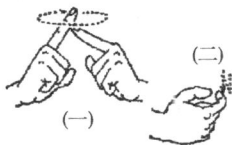

（二）

（一）

图4.37　钱币

任意手的拇、食指捏成一个小圆形,如图4.39(一)表示角。若捏成一个较大的圆形,如图4.39(二)所示,表示元。

（一）

（二）

图4.39　角、元

右手伸出拇、食两指,拇指尖抵住左手掌心,食指向下转动,象征钟表的时针在转动,如图4.34表示时间。

图4.34　时间

双手伸食指,指面相对,相距约两寸,如图4.36(一),然后右手伸出拇、食两指,拇指尖抵住另一手掌心,食指向下转动,象征钟表的时针在转动,如图4.36(二)所示,表示暂时。

（一）　　（二）

图4.36　暂时

一手打手指字母"F"的指式,在另一手拇、食指捏成的小圆圈上点一下,如图4.38表示分。

图4.38　分

双手平伸,手心向上,一手在另一手掌心上拍打一下,然后向里移,如图4.40表示买进东西。

图4.40　买

4. 交通单词

左手食、中指伸直平放,象征铁轨。右手食、中指弯曲如钩,指尖抵在左手食、中指上,并向前移动,象征火车在轨道上行驶,如图 4.41 表示火车。

图 4.41　火车

双手拇、食指搭成"公"字,如图 4.42（一）,然后双手虚握如握方向盘,左右转动,模仿操纵方向盘动作,如图 4.42（二）表示公共汽车。

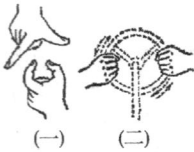

（一）　（二）

图 4.42　公共汽车

手平伸,掌心向下,另一手竖伸,指尖抵于其掌心下,模仿裁判叫停的动作,如图 4.43 表示停止。

图 4.43　停止

双手平伸,手心向上,一手在另一手掌心上拍打一下,然后向外移,表示卖出东西,如图 4.44 表示卖。

图 4.44　卖

双手虚握如握方向盘,左右转动,模仿操纵方向盘动作,如图 4.45 表示汽车。

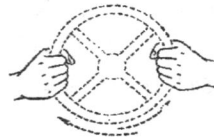

图 4.45　汽车

双手虚握如握方向盘,左右转动,模仿操纵方向盘动作,如图 4.46（一）。然后双手搭成"∧"形,如图 4.46（二）表示车站。

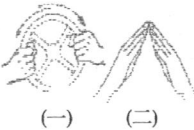

（一）　（二）

图 4.46　车站

手侧伸,向下切于另一手掌心上,然后向外一推,如图 4.47 表示禁止。

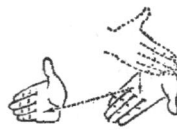

图 4.47　禁止

5. 常用单词

手食、中指在太阳穴部碰几下,如图 4.48 表示常常。

手食、中指相搭,并点动一下。如图 4.49 表示是。

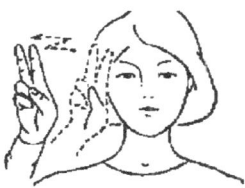

图 4.48　常常

手食、中指相搭,并点动一下,如图 4.50 表示这里。

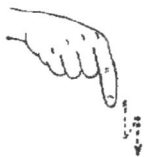

图 4.49　是

手指字母"Y"的指式,如图 4.51 (一),然后手指字母"W"的指式,如图 4.51(二)表示因为。

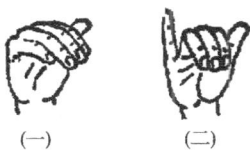

图 4.50　这里

手指字母"S"的指式,如图 4.52(一) 所示,然后手指字母"Y"的指式,如图4.52 (二)所示,表示所以。

图 4.51　因为

手拇、食指伸直,拇指不动,食指弯动 几下,如图 4.53 表示有。

（一）　　　（二）

图 4.52　所以

手拇、食、中指捻动,连续几次,如图 4.54 表示没有。

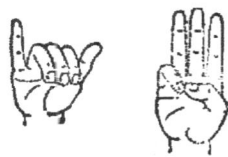

图 4.53　有

手食指伸直,向下一挥,如图 4.55 表示一定。

图 4.54　没有

图 4.55　一定

6.其他常用手语单词

地铁、检票员、售票员、IC 卡、充值、刷卡、升降梯、扶梯、厕所。

【问题与防治】

问题:常用服务手语单词量较大,学生掌握起来有难度。

防治:采用图片展示,让学生多模仿。

【知识扩展】

社会交往

	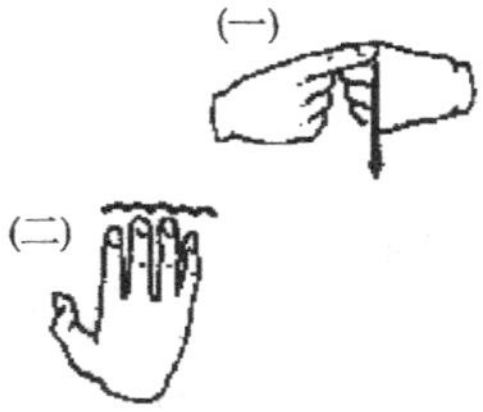	
姓名	年龄	性别

朋友	谁	自己
	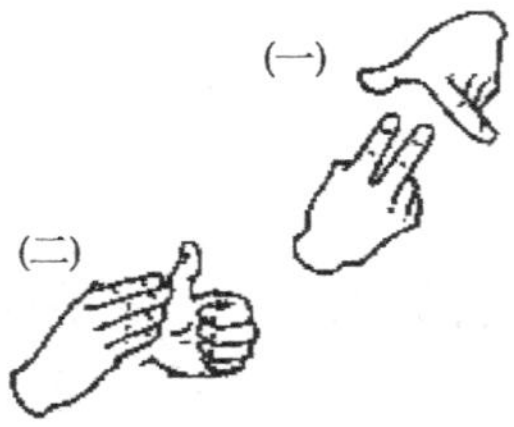	
欢迎	介绍	谢谢
	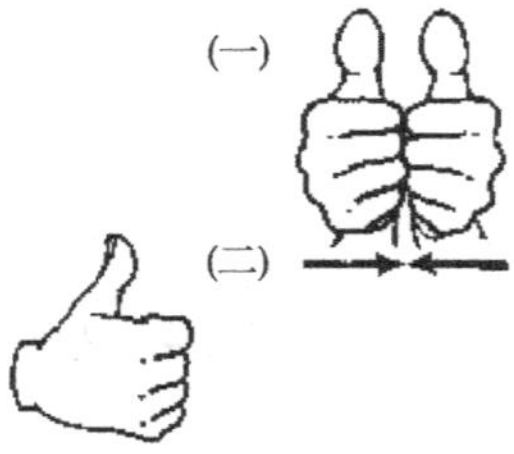	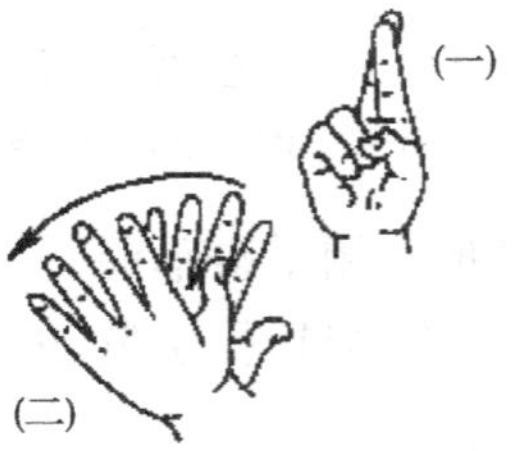
对不起	友好	事情

续表

联系	风俗/习惯	差别
碰头	庆祝	宴会
问/询问	答复	允许
拒绝	通讯	尊敬

任务三　服务常用手语语句

【任务目标】

1. 识别常用服务手语语句。
2. 运用常用服务手语语句。

【任务分析】

重点:识别常用服务手语语句。
难点:能熟练运用常用服务手语语句。

【知识描述】

一、服务常用手语图示

1. 旅客朋友,你们好	
旅	客
朋友	你

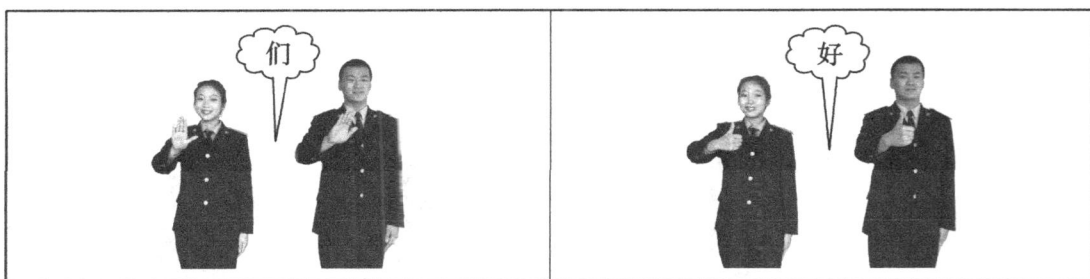

2. 欢迎乘坐本次列车

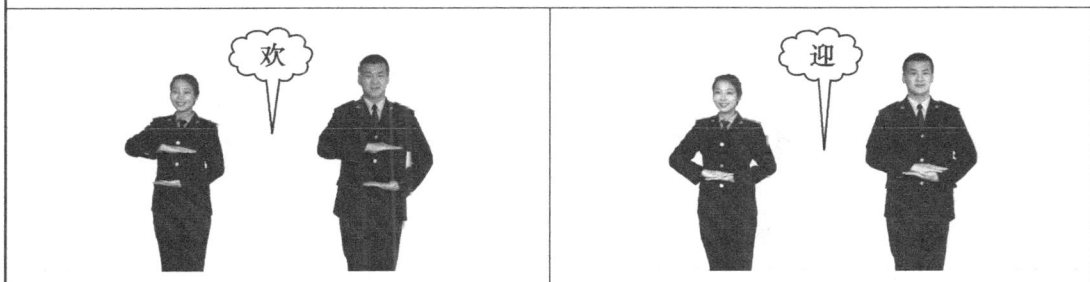

3. 我们将用热心、爱心、诚心，为每位旅客提供热情周到的服务

4. 如果需要帮助请及时与我们联系

联系

5. 旅途愉快、谢谢

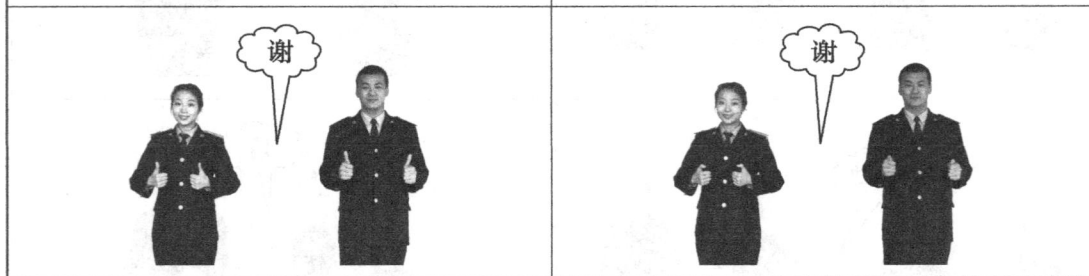

旅途

愉快

谢

谢

二、地铁服务常用手语语句图示

1. 您叫什么名字?

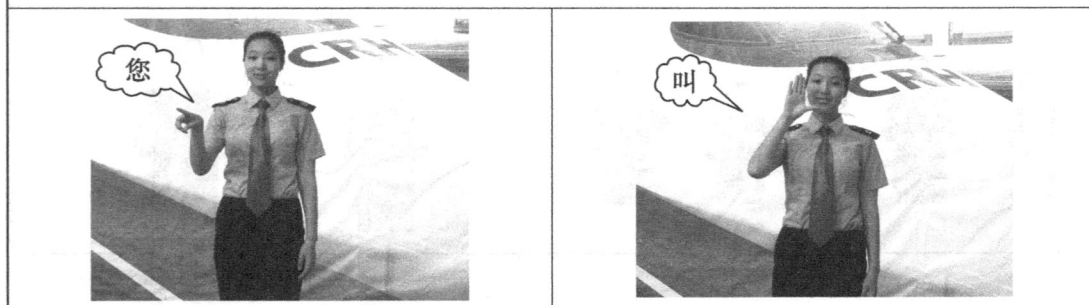

您

叫

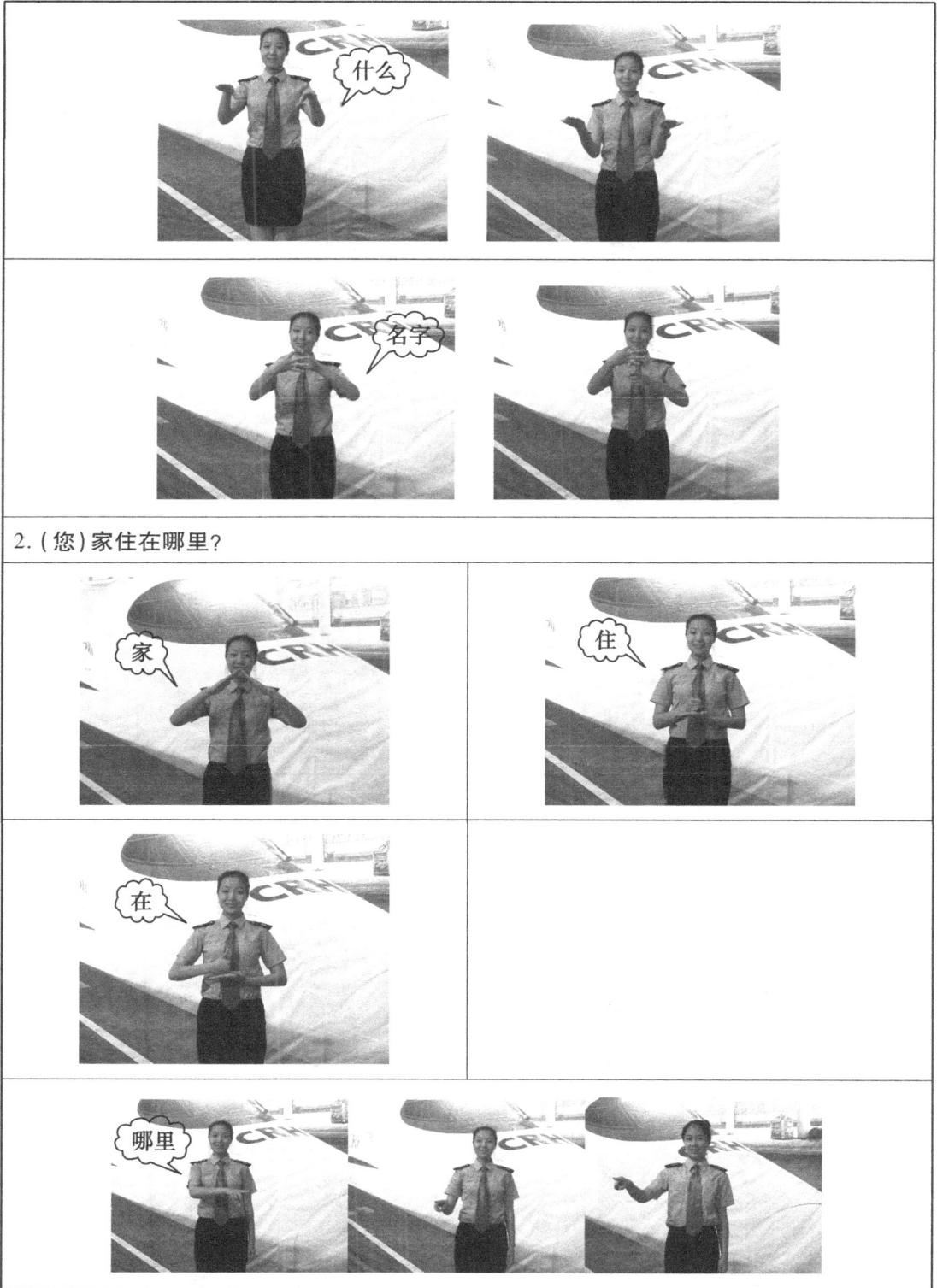

什么

名字

2.（您）家住在哪里？

家

住

在

哪里

3. (您)需要帮助吗?

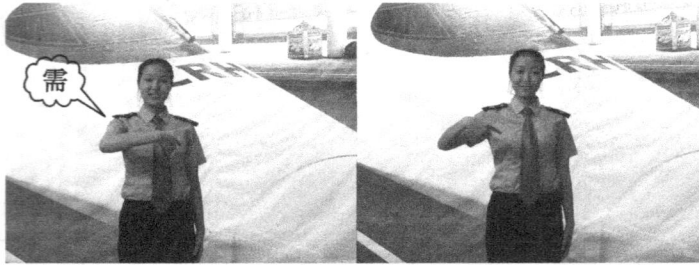

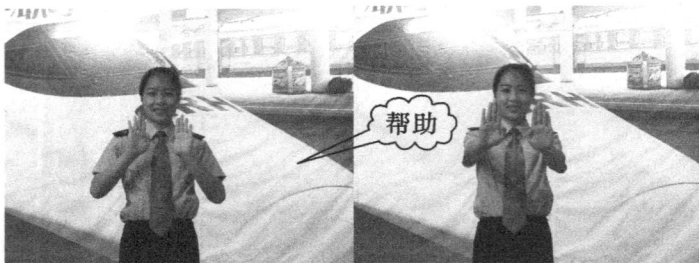

4. 要注意安全

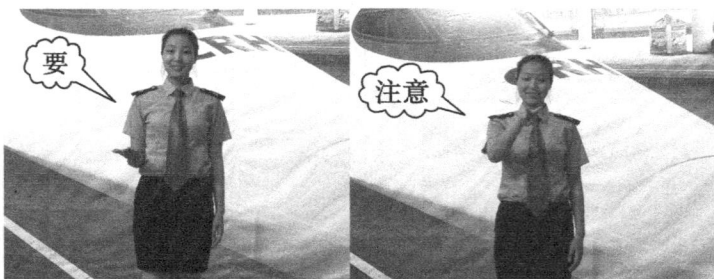

5.(请)帮助我打电话

6.(您)去哪里?

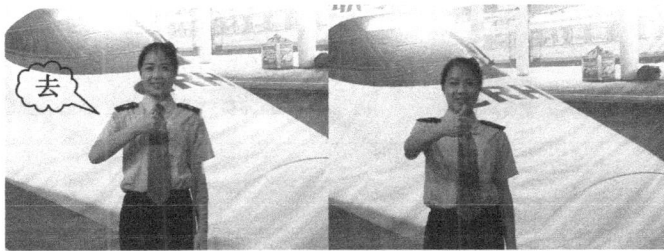

7.请问哪个口有电梯?

哪

个

口

有

电

梯

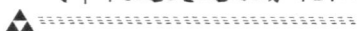

8. 对不起，请稍等！

对不起

抱歉

9. 祝(您)一路平安!

10. 多少钱一张票?

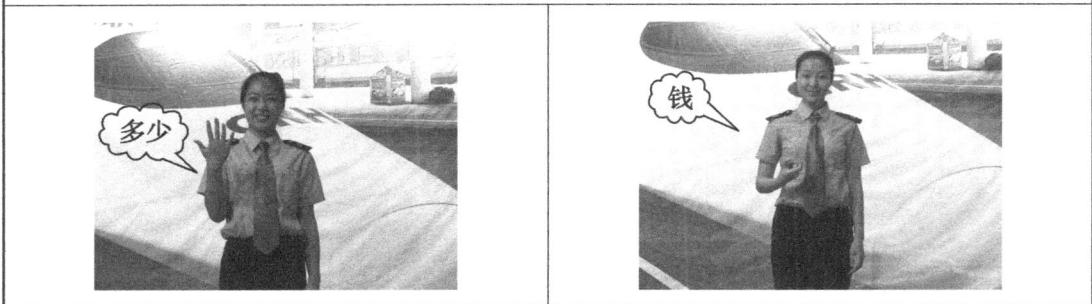

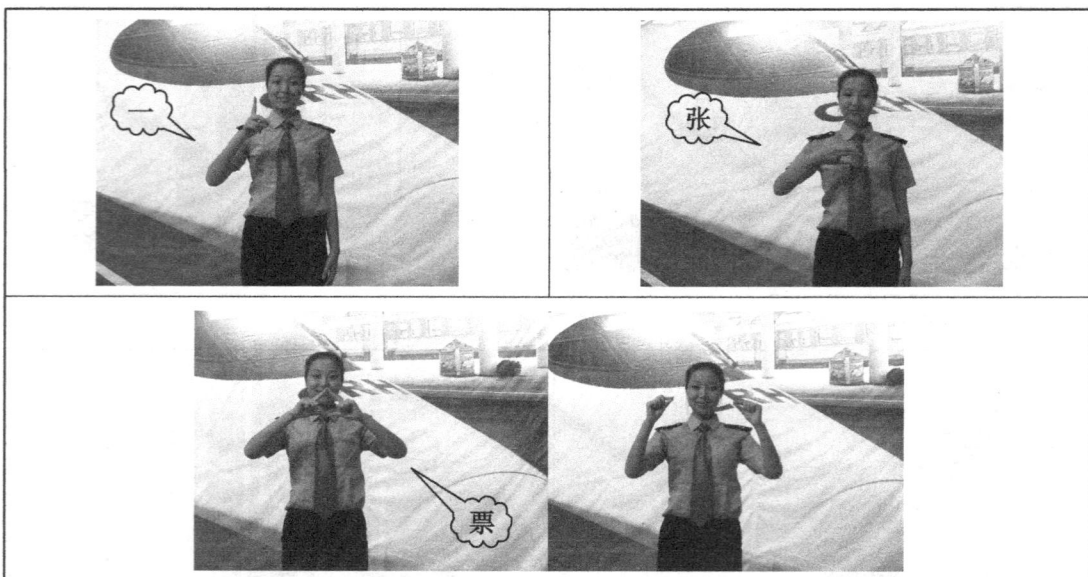

11.（请问）买几张票？

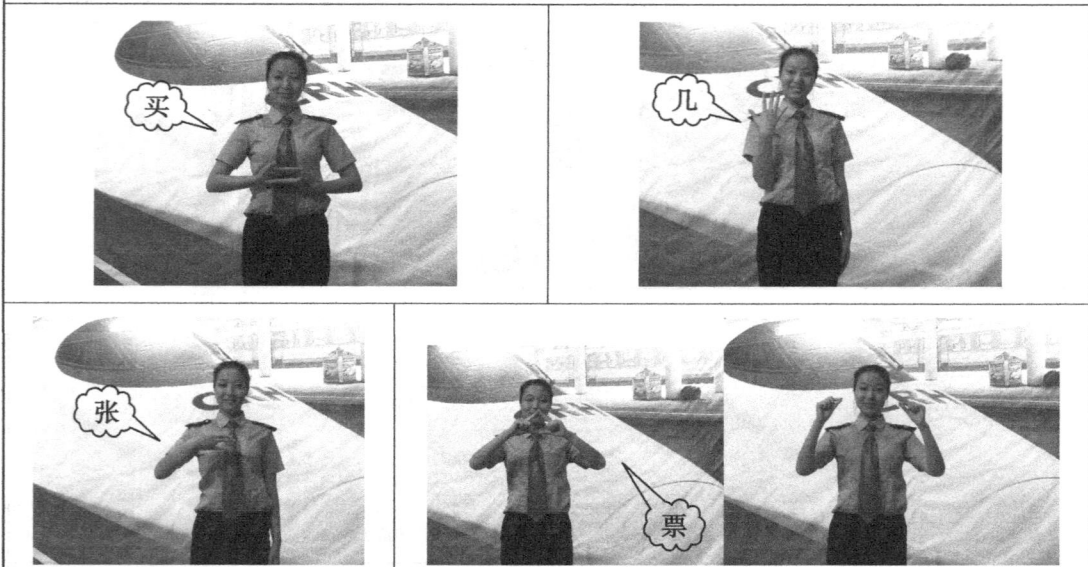

12.（对不起）您的钱不够

13. 这是您的票、钱,请收好

14.（对不起）地铁不能退票

15.（请）慢慢拿钱

16.（请）保留好车票，出站回收

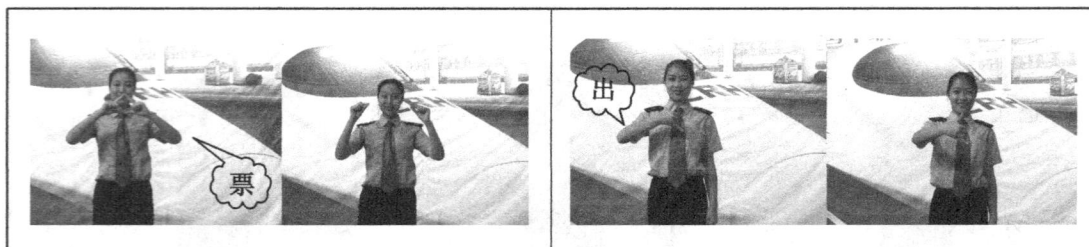

17. (请)在这里刷卡

18. 刷卡未成功,(请)重刷

19. (对不起, 地铁) 禁止吸烟!

20.（严禁）跳下站台

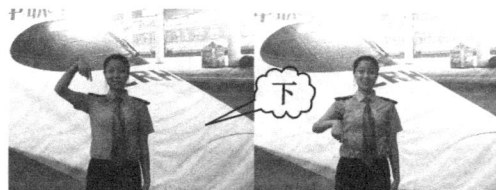

21.（禁止）坐卧停留

22.（请在）黄色安全线内候车

【问题与防治】

问题:常用服务手语语句单词量较大,连贯性强,学生掌握起来难度较大。

防治:采用图片展示,创设情境,让学生在模仿单字单词的基础上分组练习。

附录　城市轨道交通服务岗位之常用英语口语

日常用语

问候与告别：

1. 您好——Hello

2. 早上好——Good morning　　下午好——Good afternoon　　晚上好——Good evening

3. 欢迎您乘坐重庆地铁。

Welcome to take chongqing Subway.

4. 欢迎您到中国(北京)来。

Welcome to China(Beijing).

5. 再见——Goodbye.

6. 很高兴见到你！

Nice to meet you！

感谢与道歉：

1. 谢谢——Thank you　　　不用谢(不客气)——You're welcome

2. 对不起——I'm sorry　　　没关系——Not at all

3. 抱歉,我不会讲英语。

Sorry,I don't speak English.

4. 对不起,我没听清,请您再说一遍。

Sorry,I didn't catch you. Pardon?

其他：

1. 您需要帮助吗？

May I help you?

2. 请不要着急。

Don't worry.

3. 当然可以——Sure.

4. 我是站务员。

I'm a platform attendant.

5. 我是检票员。

I'm a ticket examiner.

6. 我是售票员。

I'm a booking clerk.

7. 我不太清楚。

I don't know.

服务用语：

1. 您要去哪?

Where are you going?

2. 请问出站口在哪?

Where is the exit?

3. 洗手间在哪?

Where is the toilet?

4. 站长室在哪?

Where is the station master's office?

5. 请跟我来。

Please follow me.

6. 在那边。

Over there.

7. 下台阶,左边(右边)。

Go downstairs. It's on the left (right).

8. 我该走哪个出口?

Which exit should I take?

9. 你得走 A(B C D)出口。

You should take Exit A (B C D).

乘车：

1. 请问这是哪站?

Which station is it?

2. ＊＊＊站——＊＊＊station.

3. 我应该在哪站下车?

Which station should I get off?

4. 你可以在 ＊＊＊ 站下车。

You can get off at ＊＊＊ station.

5. 这是1(2)号线。

This is Line One. (Line Two)

候车：

1. 请等候下一趟车。

Please wait for the next train.

2. 多长时间一趟车?

How often do the trains come?

3. 每 3 分钟一趟。

Every three minutes.

时间问询：

1. 今天是星期几？

What day is it today?

2. 今天是星期一。

Today is Monday.

星期一：Monday　星期二：Tuesday 星期三：Wednesday　星期四：Thursday

星期五：Friday　　星期六：Saturday 星期日：Sunday

3. 今天是几号？

What is the date today?

4. 今天是6月10日。

It's June the 10 th.

1月：January　2月：February　3月：March　4月：April　5月：May　6月：June　7月：July　8月：August　9月：September　10月：October　11月：November　12月：December

5. 现在几点了？

What time is it now?

6. 10点半。

It's half past ten.

7. 8点一刻。

A quarter past eight.

突发情况：

1. 请注意——Attention, please.

2. 敬请谅解。

Thank you for your understanding.

3. 小心！危险！

Be careful! It's dangerous!

提示：

1. 地铁禁止吸烟。

No smoking in the Subway.

2. 请不要拥挤。

Please don't push.

3. 请勿跳下站台。

Don't jump off the platform.

4. 谢谢您的合作。

Thank you for your cooperation.

岗位服务

售票：

1. 一张票，多少钱？

A ticket, please how much?

2. 3(4、5)元钱一张票。

Three(four、five)yuan for a ticket.

3. 请问您买几张票?

How many tickets do you want?

4. 我买＊＊＊张票。

＊＊＊tickets, please.

5. 在哪买票?

Where can I get a ticket?

6. 售票处在那里。

The ticket office is over there.

7. 请稍等一下。

Wait a minute, please.

充值:

1. 我想充值。

I want to recharge my IC Card.

2. 您想充多少钱?

How much do you want?

3. 给您。

Here you are.

4. 我想买张 IC 卡。

I want to buy an IC card.

检票:

1. 请问,您的票呢?

Your ticket, please.

2. 请您出示车票。

Please show me your ticket.

3. 请这边进站。

Please go in this way.

4. 请进。

Please come in.

5. 您需要补票。

You have to buy another ticket.

6. 请再刷一次。

Please do it again.

参考文献

[1] 文世平.健美操[M].长沙:湖南大学出版社,2004.

[2] 刘菊美.站务人员[M].北京:中国劳动社会保障出版社,2009.

[3] 中国聋人协会.中国手语[M].北京:华夏出版社,2003.